La Cuisine Traditionnelle de Charlevoix

Micheline Mongrain-Dontigny

Les Éditions La Bonne Recette

De la même auteure:
- L'Érable - son histoire, sa cuisine
- La Cuisine traditionnelle des Cantons-de-l'Est
- Eastern Townships Traditional Cooking
- La Cuisine Traditionnelle de la Mauricie
- Traditional Quebec Cooking
- Délices Traditionnels du Québec
- Saveurs et Parfums des 4 coins du monde: Soupes
- Saveurs et Parfums des 4 coins du monde: Cuisine Cajun et Créole
- 150 Recettes pour le Saguenay-Lac-Saint-Jean
- La Cuisine Rapide
- Légèrement Vôtre

Copyright 1996, Micheline Mongrain-Dontigny
Tous droits réservés

Dépots légaux, deuxième trimestre 1996
Bibliothèque Nationale du Québec
Bibliothèque Nationale du Canada

ISBN 2-9804058-3-3
Données de catalogage avant publication (Canada)
Mongrain-Dontigny, Micheline, 1950-

La Cuisine Traditionnelle de Charlevoix
Comprend des réf. bibliogr. et un index.
ISBN 2-9804058-3-3

1.Cuisine Québécoise-Québec (Province). 2.Cuisine-Québec (Province)-Charlevoix (Région). I. Titre.

TX715.6.M672 1996   641.59714 ' 49   C96-940527-8

Édition révisée 2003

Illustrations: Chiali Tsai

Les Éditions La Bonne Recette
www3.sympatico.ca/edition.bonnerecette/
Imprimé au Canada

A mes parents Mariette et Jean-Louis pour m'avoir fait connaître ce coin de pays enchanteur.

Remerciements

Un gros merci à tous les Charlevoisiennes et Charlevoisiens qui ont collaboré à la préparation de ce livre. Merci au personnel et aux personnes membres des Centres de Jour de Charlevoix pour m'avoir permis d'intégrer le présent projet dans le cadre de leurs activités. Un merci spécial à mes amis Monique et John Maguire pour toutes les informations transmises et qui me furent si utiles à la rédaction de ce livre. Je suis vivement reconnaissante envers mon époux Daniel pour tous les plats goûtés et les heures passées à la présentation et la mise en page de cette publication.

TABLE DES MATIÈRES

INTRODUCTION 9

HISTOIRE 13

SOUPES 19
    Soupe à l'orge 21
    Soupe aux pois 22
    Petite histoire de la gourgane 23
    Soupe aux gourganes 24
    Crème de légumes 25
    Soupe au chou de Roland 26

VIANDES ET PÂTÉS 27
    Petite panse 29
    Tourtière de Charlevoix 30
    Pâté à la viande 32
    Ragoût à la mode de Saint-Siméon 34
    Pâtés croches 36
    Ragoût de poulet et de porc 38
    Ragoût de noces 40
    Ragoût de noces de Baie-Sainte-Catherine 42
    Rôti de gigot d'agneau 44
    Côtelettes d'agneau à l'orange 46
    Côtelettes de veau mijotées 47
    Rôti de veau braisé 48
    Sauce à patates 49
    Bouilli de légumes 50
    Bœuf africain 51
    Boulettes de viande aux légumes 52
    Pâté chinois 53
    Poulet aux légumes 54
    Ragoût de sanglier 55
    Pain de viande 56
    Civet de lièvre 57
    Sauce au dur 58

POISSONS 61
    Rôti d'anguille 62
    Filet de morue à la poêle 64

Poisson en sauce fromage 65
　　Éperlan ou capelan à la poêle 66
　　Filets de truite braisés 67
　　Bigoune à la truite 68
　　Pâté d'éperlans 69
　　Pâté au saumon d'autrefois 70

Légumes et Salades **73**
　　Purée de navet 75
　　Navet aromatisé au thym 76
　　Patates sous le chaudron 77
　　Chou à l'étuvée 78
　　Légumes en sauce poulette 79
　　Fèves au lard 80
　　Salade à la crème 81
　　Salade de betteraves 82

Sauces et Charcuteries **83**
　　Sauce aux fèves rouges 85
　　Sauce à la poche 86
　　Sauce au pain 87
　　Sauce aux œufs durs 88
　　Sauce béchamel 89
　　Sauce aux fèves 90
　　Pâté de foie 92
　　Cretons 93

Produits Laitiers **95**
　　Cailles 96
　　Fromage slave ou fesse 96
　　Fromage Le Migneron 96
　　Fromage fesse mariné 97
　　Tomates et fromage fesse à la vinaigrette 97
　　Galettes de pommes de terre au Migneron 98
　　Laitue aux cailles 99
　　Vinaigrette aux cailles 99
　　Cailles au sucre d'érable .100

Desserts **101**
　　Pâte à tarte 103
　　Tarte aux œufs 104
　　Tarte au sucre 104

Tarte aux fraises fraîches 105
Tarte à Rosanna 106
Tarte à la rhubarbe 107
Tarte-cipâte aux pommes 108
Pommes en cachettes sauce à l'érable 110
Beignes 111
Galettes au lait 112
Galettes sucrées aux patates 113
Galettes au sirop 114
Galettes aux raisins 115
Jam jam 116
Feuillantines 117
Galettes au gruau et raisins .118
Pouding chômeur 119
Pouding aux pommes 120
Croustillant aux pommes 121
Pouding au citron 122
Pouding à la reine 123
Pouding vapeur 124
Carrés aux noix 126
Pouding au riz 127
Carrés aux bleuets 128
Cachette à la rhubarbe 129
Carrés aux dattes 130
Gâteau blanc 131
Délice aux fraises 132
Gâteau à la cassonade 133
Gâteau au gruau d'avoine .134
Gâteau à la salade de fruits 135
Gâteau Louise 136
Gâteau à l'orange 138
Plum pouding de Noël 138
Dominos 140
Mousse au chocolat 142
Écumes de mer 143
Guimauves 144
Sucre à la crème 145

CRÊPES, PAINS ET GALETTES **147**
Le four à pain 149
Grosse crêpe 150

Crêpes à la farine de blé de l'Île-aux-Coudres 151
Pain blanc d'habitant 152
Pain doré 153
Pain à la farine de sarrasin 154
Tarteaux 156
Galettes à la branche d'autrefois 157
Brioches au sucre à la crème 158
Galettes aux patates 160

Marinades et Confitures 161
Ketchup vert 162
Ketchup aux fruits 163
Marmelade de rhubarbe .164
Confiture de petites prunes jaunes 165
Gelée de petites poires 166
Herbes à soupe 167
Herbes salées 167
Sirop de limonade 168

Produits Régionaux au Menu 169
Menus 178
Déjeuner-Brunch 178
Souper du temps des fêtes 178
Une invitation spéciale 178
Bibliographie 179
Lexique 181
Equivalence de Mesures .182

Index 185

Introduction

En mariant ma passion pour la cuisine et l'attachement profond que j'éprouve pour la région de Charlevoix, ça n'est pas surprenant que j'aie eu le goût de connaître la cuisine typique de ce coin de pays. Tout a commencé il y a une quinzaine d'années lorsque ma famille a découvert les belles pistes de ski de la région. Depuis ces premières visites, la région de Charlevoix fait partie de notre vie. Il y a quelques années nous y avons élu domicile à Saint-Fidèle et Saint-Irénée.

Il m'a été possible d'écrire ce livre et d'y assembler toutes ces recettes grâce à la collaboration de plusieurs Charlevoisiennes et Charlevoisiens qui ont bien voulu répondre à mes nombreuses questions et accepter de partager leurs recettes familiales préférées. Comme la plupart du temps ces recettes sont transmises de vive voix, à l'exception de quelques mesures de base, c'est en écoutant attentivement les directives que j'ai pu essayé et par la suite écrire les recettes de ce livre.

Autrefois, les mères de familles devaient souvent composer leur menu avec peu d'ingrédients mais ceci n'affectait en rien la qualité de leurs repas. Leur débrouillardise se reflète dans la cuisine traditionnelle de la région. J'ai été très fascinée d'apprendre la façon de transformer certains ingrédients pour obtenir des saveurs et textures différentes. Par exemple, on caramélise du sucre pour parfumer une pâte à gâteaux ou une meringue qui servira de glaçage. La purée de pommes de terre sert à la confection de galettes sucrées et non sucrées ou encore à la fabrication du pain. Ces techniques contribuaient à varier leurs menus avec un budget la plupart du temps restreint. Rien ne se gaspillait.

Consciente que nos habitudes de vie actuelle ne nous permettent plus de consommer autant de gras et de sucre que nos ancêtres qui trimaient dur pour subvenir à leurs besoins, j'ai réduit les quantités de gras et de sucre de certaines recettes lorsqu'il m'a semblé possible de le faire sans affecter la texture et le goût. Plusieurs personnes interviewées m'ont confié qu'elles font de même et n'ont pas noté de différence majeure dans le goût de leurs plats habituels.

Le savoir-faire des Charlevoisiennes et Charlevoisiens qui

ont bâti cette belle région m'a appris beaucoup plus que je n'aurais imaginé. J'espère que vous aurez autant de plaisir à cuisiner avec ce livre que j'en ai eu à découvrir ces trésors familiaux!

Bon appétit!

Ferme de Charlevoix
Fonds Palardy
Collection Musée de Charlevoix

Histoire

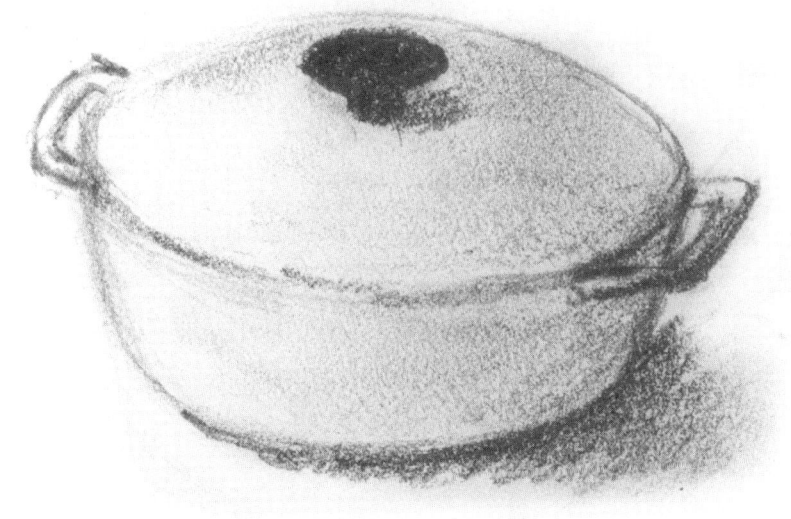

Les premiers blancs à mettre pied à terre dans Chalevoix sont les Français qui débarquent à Tadoussac avec Jacques Cartier le 1er septembre 1535. Auparavant, d'autres hommes de race blanche dont des basques, des normands et des bretons y séjournent temporairement. Ceux-ci fréquentent les eaux du Saint-Laurent pour y pratiquer la pêche.

Avant l'arrivée des hommes de race blanche, la côte de Charlevoix est habitée temporairement par une tribu indienne appelée "Les Montagnais". Ceux-ci parcourent la région principalement durant la belle saison. Ils y viennent pour pêcher et aussi échanger des denrées avec d'autres tribus indiennes. Étant principalement chasseurs et pêcheurs, ils échangent avec les tribus qui pratiquent l'agriculture. Ils profitent de ces échanges pour se procurer du maïs et du tabac. Jacques Cartier mentionne dans ces récits de voyage que les Amérindiens lui auraient fait part qu'ils mangent du béluga. Dans ce temps là le béluga porte le nom de marsouin.

A l'hiver, les Montagnais retournent dans la forêt. C'est là qu'ils chassent le gros gibier comme l'orignal pour pouvoir subvenir à leurs besoins alimentaires. Les viandes sauvages sont souvent fumées. Cette méthode leur permet de conserver la viande pour qu'ils puissent en consommer jusqu'au printemps. Lorsque la belle saison revient, les familles reviennent vivre près du fleuve pour y pêcher du poisson et y chasser l'oie et la bernache. L'été, c'est la saison de la cueillette. On en profite pour amasser des petits fruits comme les fraises des bois, les framboises, les bleuets et les baies noires de l'amélanchier. A l'automne, c'est la pêche à l'anguille qui prévaut. L'anguille est fumée et séchée pour en faire des provisions pour l'hiver rigoureux qui s'annonce.

Dès son arrivée dans la région, Jacques Cartier fait escale sur une île où il constate la présence de coudriers (noisetiers). Il rapporte que ces coudriers portent des fruits en plus grande quantité et d'un goût plus savoureux que les coudriers de France. Il décide donc de lui donner le nom Ile-aux-Coudres.

Ce n'est que vers 1675, au temps du régime seigneurial, que

la région commença à se développer. Des colons obtiennent qu'on leur cède des terres à Petite Rivière Saint-François et Baie Saint-Paul. La région se développe petit à petit à partir de cette période.

C'est par les récits de voyages du suédois Pehr Kalm qu'on peut avoir une idée des denrées consommées autrefois. Lors de son passage dans la région en 1749, celui-ci prend note que les colons de Saint-Joseph de la Rive font la culture du blé et de l'avoine. Il constate que le pain est plus blanc que ceux qu'il a mangé dans toutes les autres régions visitées auparavant. Il note aussi que l'on apprête les citrouilles en les faisant griller sur le feu comme le font les Amérindiens.

Lors de la bataille entre les Français et les Anglais, la région a écopé durement. Après la conquête de 1759, les terres des habitants ne peuvent être récoltées. Elles ont été négligées et les habitants essaieront tant bien que mal de survivre pendant l'hiver qui s'en vient.

Suite à la conquête, plusieurs seigneurs décident de quitter le pays. Deux écossais prennent possession des seigneuries situées à La Malbaie. Pendant plusieurs années à suivre, les écossais restent en nombre restreint malgré leurs efforts pour attirer dans la région des gens qui parlent leur langue et pratiquent leur religion. C'est ainsi que la population francophone continue de croître plus rapidement que la population anglophone. Ce n'est qu'une centaine d'années plus tard, vers 1850, que la population anglophone augmentera quelque peu, lorsque les bateaux blancs commencent à amener des touristes de Québec, Montréal, Toronto, Chicago, Baltimore et Washington.

A l'image de son histoire, la cuisine de Charlevoix a subi l'influence des Montagnais, des Français et des Anglais. Les Montagnais ont montre aux blancs comment chasser, pêcher et ils leurs ont indiqué les fruits et les légumes comestibles de la forêt. Les Français ont influencé une plus grande partie de la cuisine puisque ceux-ci étaient en plus grand nombre. Certaines recettes, comme par exemple la sauce au dur, peuvent même être retracées jusqu'en France. Les Anglais ont apporté avec eux, le gruau, l'orge et les poudings vapeurs qui sont très populaires dans la région.

Pour se nourrir adéquatement, les colons ont des tâches quotidiennes et saisonnières à accomplir. Les hommes doivent trimer dur pour cultiver et faire l'élevage d'animaux pour se nourrir toute l'année. C'est la maîtresse de maison qui est responsable du potager. Accompagnée des enfants, elle va cueillir les petits fruits sauvages qui seront transformés en confitures pour l'hiver. Lorsque l'automne arrive, elle participe à la récolte des pommes, pommes de terre, citrouilles, mis au caveau pour l'hiver et des oignons mis à sécher sur les galeries avant d'être remisés au grenier. Cette pratique est encore courante de nos jours. A chaque automne, mes voisins de Saint-Irénée placent leurs oignons sur la galerie pour les faire sécher au soleil avant de les remiser dans la maison.

En saison, les habitants qui vivent à proximité du fleuve, peuvent agrémenter leur menu en pêchant du poisson. Les poissons les plus populaires sont le capelan, l'éperlan et l'anguille. On les capture dans des pêches à fascine qui emprisonnent le poisson. L'habitant n'a plus qu'à aller cueillir le poisson. Cette méthode est encore populaire dans la région. C'est à Saint-Fidèle que j'ai connu une pêche à fascine pour la première fois. Lorsque la pêche était bonne, notre voisin André nous apportait du poisson frais du jour.

Quand les températures des jours froids d'automne commencent à ressembler à l'hiver, c'est le temps de faire boucherie. Les femmes apportent leur aide et par la suite elles utilisent les viandes pour préparer la nourriture des Fêtes. A chaque semaine "on fait cuire": expression populaire pour dire qu'on s'affaire à préparer et faire cuire la pâte à pain. Les deux époux participent à la préparation et à la cuisson du pain de ménage qui se fait dans le four à pain l'été et dans le four du poêle à bois l'hiver.

La plupart des familles possèdent un caveau à légumes et un four à pain. Il existe encore plusieurs caveaux à légumes et fours à pain dans la région. Le caveau à légumes est fait dans un buton et si on n'a pas de buton sur sa propriété, on creuse un trou dans la terre que l'on recouvre d'un panneau de bois. Le four à pain sert à faire cuire le pain mais aussi des galettes, tartes, fèves au lard etc... Plusieurs de ces fours ont été construits par Alexis le Trotteur. La fabrication du pain restera longtemps une activité importante. En effet, le pain compte pour une des plus importantes denrées au XVIII ième siècle: la pomme de terre n'étant pas encore très appréciée des habitants.

A l'hiver, l'habitant se nourrit mieux puisqu'il a à sa disposition plusieurs denrées qu'il peut conserver grâce au froid. C'est maintenant le temps des réjouissances. Les habitants peuvent enfin se reposer et se réunir avec les voisins et la parenté pour les festivités de l'hiver ou "chouenner" comme dit mon voisin monsieur Roland Fortin.

En côtoyant la population de Charlevoix on remarque que plusieurs belles traditions anciennes sont encore bien vivantes. Souhaitons que cette harmonie entre l'homme et ce coin de pays se poursuive encore pour longtemps. Sans dénigrer les avantages d'une époque plus moderne, c'est agréable de se laisser "contaminer", même temporairement, par cette façon de vivre.

Soupes

Dans la région, on utilise surtout les herbes salées pour aromatiser les soupes. A chaque automne, on prépare un mélange avec des herbes fraîchement cueillies et du gros sel. Certaines personnes utilisent seulement les queues d'oignons et d'échalotes dans cette préparation. Ces dernières sont appelées herbes à soupe tandis que le mélange fait de plusieurs sortes d'herbes sert dans différents plats. Les herbes à soupe sont particulièrement populaires dans les villages situés près des montagnes comme à Notre-Dame-des Monts et Saint-Aimé-des-Lacs. Certaines dames m'ont confié qu'elles emploient les deux sortes d'herbes salées. La soupe la plus populaire est la soupe aux gourganes que l'on sert comme repas accompagné de pain. Malgré la popularité de cette soupe dans la région du Saguenay-Lac-Saint-Jean, il ne faut pas oublier que cette soupe est d'abord un mets originaire de Charlevoix. Les Charlevoisiens, premiers habitants à aller s'établir au Saguenay, apportèrent la gourgane avec eux lors de leur première expédition dans la nouvelle région.

Soupe à l'orge

On l'appelle aussi soupe au barley. D'après l'ethnologue Jacques Rousseau, le barley aurait été introduit ici par des soldats britanniques.

½ lb	jarret de bœuf	250 g
1	tranche de lard salé	1
1	oignon moyen haché	1
3	carottes hachées	3
1	branche de céleri hachée	1
2 c. à table	herbes salées	30 ml
	Sel et poivre	
12 tasses	eau froide	3 L
1 tasse	orge	250 ml
2 tasses	tomates en boîte	

1. Amener à ébullition le bœuf, le lard et l'eau dans un grand chaudron. Écumer la mousse qui se forme sur le dessus.
2. Ajouter l'oignon, les herbes salées préalablement rincées à l'eau froide et l'orge; et laisser mijoter pendant une heure.
3. Ajouter la carotte et le céleri et mijoter environ 1½ heures.
4. Ajouter les tomates et laisser mijoter 30 minutes. Assaisonner et servir.

Soupe aux pois

On rapporte qu'autrefois, la culture des pois aux Éboulements est la culture la plus productive de toute. Les pois semblent exceptionnels.

2 tasses	pois jaunes	500 ml
6 onces	morceau de lard salé	200 g
1 c. à thé	bicarbonate de soude	5 ml
8 tasses	eau froide	2 L
1	gros oignon haché	1
2 c. à table	herbes salées	30 ml
	Poivre au goût	

1. Laver les pois à l'eau froide et placer dans un grand bol avec le bicarbonate de soude. Ajouter de l'eau froide pour faire tremper les pois toute la nuit ou 8 heures.
2. Le lendemain, placer le morceau de lard salé dans une petite casserole, couvrir d'eau froide et amener à ébullition. Retirer du feu aussitôt, égoutter et rincer à l'eau froide.
3. Égoutter les pois trempés, rincer à l'eau froide et placer dans un grand chaudron, ajouter l'oignon, le lard salé et l'eau froide. Amener à ébullition, ajouter les herbes salées et mijoter pendant 2 à 3 heures jusqu'à ce que les pois soient très tendres.
4. Avant de servir assaisonner de poivre et sel au besoin et enlever le morceau de lard salé.

¤ 6 à 8 portions

PETITE HISTOIRE DE LA GOURGANE

C'est en l'an 795 que l'on note pour la première fois la présence de la gourgane dans l'histoire. Le fils de Charlemagne demande qu'on en fasse la culture dans le jardin du Domaine Royal. Au 15 ième siècle, la gourgane se vend dans les rues de Paris en forme de cosses ou en purées. On remarque qu'en Europe, vers 1692, on utilise le mot fève des marais pour désigner la gourgane. Au Québec le mot gourgane continue à faire partie du vocabulaire. Ceci est dû au fait qu'après la conquête des Anglais, les colons Français sont isolés de la mère patrie la France pendant plusieurs années. C'est ainsi qu'ils n'ont jamais su que le mot gourgane est devenu fèves des marais.

Entre 1673 et 1714, on donne le nom de gourganiers aux bateaux qui pratiquent la pêche entre Honfleur en France et Terre Neuve. Sur ces bateaux, on prépare une soupe aux gourganes pour nourrir les marins. C'est probablement de ces gourganiers que la soupe aux gourganes prend son origine. Dans certaines régions du Québec les gourganes portaient le nom de fèves. C'est pour cette raison qu'on dit parfois petites fèves pour désigner des haricots. On disait petite fève pour faire la différence entre les deux légumes. Lorsque la fève (gourgane) perdit de la popularité un peu partout dans le Québec, on délaissa le mot petite fève pour fève et par la suite haricot. L'année dernière j'ai appris d'un couple Français en visite au Québec que la gourgane est encore populaire en France. On l'appelle encore fève dans certaines régions. Ceux-ci la consomment principalement avec des viandes, ou encore crue avec du pain et du beurre comme le font certaines personnes âgées de la région. L'expression courante est "manger des fèves à la croque au sel".

La gourgane aurait perdu de la popularité partout au Québec à l'exception de Charlevoix et du Saguenay-Lac-Saint-Jean à cause de la pomme de terre qui devint plus populaire que la gourgane.

Soupe aux gourganes

A chaque automne, je prépare une grande quantité de soupe aux gourganes que je congèle pour l'année. C'est mon voisin Roland qui m'a appris que la soupe aux gourganes de Charlevoix contient des légumes à feuilles vertes. La première fois que je suis allée cueillir des gourganes dans son jardin, il m'a demandé si je voulais des feuilles vertes de chou pour mettre dans ma soupe. Voyant que je ne savais quoi répondre, il m'affirme que: "la soupe est bien meilleure si t'ajoute 2 ou 3 feuilles de chou verte foncée en fin de cuisson. Il faut que tu fasses attention de couper les feuilles en petites lanières dans le sens contraire des fils du chou". J'étais perplexe mais il m'a convaincu; maintenant je mets toujours du feuillage vert dans ma soupe aux gourganes. Madame Irène Tremblay de Saint-Irénée m'a confié qu'elle met des feuilles de laitue et des feuilles de betterave en plus des feuilles de chou.

¹/₂ lb	lard salé entrelardé	250 g
1 lb	jarret de bœuf ou bœuf à bouillir	500 g
1	gros oignon haché	
¹/₂ tasse	orge	125 ml
2 tasses	gourganes écossées	500 ml
1 tasse	fèves jaunes (en saison)	225 ml
12	petites carottes tranchées	12
1 tasse	feuille de chou en fines lanières	225 ml
1 tasse	herbes fraîches (persil, ciboulette)	225 ml
1 c. à thé	sarriette séchée	5 ml

1. Placer le morceau de lard salé dans une casserole et couvrir d'eau froide. Amener à ébullition et mijoter 1 à 2 minutes. Retirer du feu, enlever l'eau et rincer à l'eau froide.
2. Dans un grand chaudron, placer le lard, le bœuf, l'oignon et l'orge et recouvrir avec 3 pintes [3 litres] d'eau froide. Amener à ébullition, écumer et ajouter les gourganes et les fèves. Mijoter pendant environ 3 heures. Ajouter le reste des légumes et continuer la cuisson jusqu'à ce que les

légumes soient cuits.
3. Saler et poivrer au goût.

Crème de légumes

²/₃ tasse	oignon haché	150 ml
2	gousses d'ail	2
1 c. à table	beurre	15 ml
2 tasses	tomates pelées, épépinées, hachées	500 ml
2 tasses	céleri haché	500 ml
1 tasse	pomme de terre en dés	225 ml
4 tasses	eau froide	1 L
	Sel et poivre au goût	

1. Faire revenir les oignons et le céleri dans le beurre sans colorer.
2. Ajouter l'ail, les tomates et les pommes de terre. Bien mélanger.
3. Ajouter l'eau et laisser mijoter environ une heure ou jusqu'à ce que les légumes soient tendres.
4. Passer les légumes au robot ou au mélangeur pour réduire en purée, remettre dans la casserole et ajouter la crème.
5. Assaisonner et servir.

Soupe au chou de Roland

1 lb	*jarret de bœuf*	*500 g*
1	*gros oignon haché*	*1*
2 tasses	*tomates en boite hachées*	*500 ml*
1	*petit chou vert tranché*	*1*
	Sel et poivre	

1. Placer le morceau de jarret de bœuf dans un grand chaudron et couvrir d'eau froide. Amener à ébullition et écumer le résidu qui se forme à la surface du bouillon. Abaisser le feu, ajouter l'oignon et laisser mijoter environ deux heures jusqu'à ce que la viande soit tendre.
2. Retirer le morceau de bœuf du bouillon, et ajouter les tomates et le chou. Laisser mijoter pendant environ 30 minutes jusqu'à ce que le chou soit tendre.
3. Assaisonner de sel et poivre et ajouter les morceaux de viande cuits et désossés au préalable.

¤ 8 portions

Viandes et Pâtés

L'élevage d'animaux de boucherie est la vocation principale de plusieurs fermes de Charlevoix. On élève surtout l'agneau, le veau et le porc. On retrouve aussi des fermes avicoles dont une industrielle tandis que les autres sont de plus petites fermes qui nourrissent leurs volailles aux grains. De nos jours, les viandes et volailles font partie du menu quotidien des Charlevoisiens mais il n'en a pas toujours été ainsi. Des résidentes de Saint-Siméon m'ont raconté qu'autrefois elles servaient de la viande à leur famille seulement les fins de semaine. A chaque vendredi, un boucher venait offrir ses produits aux familles du village. Certaines familles élevaient des poules et un cochon pour subvenir à leurs besoins. A l'automne, les produits de la chasse apportaient de la variété au menu. A ce propos, un suédois du nom de Pehr Kalm venu en voyage d'expédition en 1749 au Québec, rapporte que des habitants des Éboulements lui parlent des nombreuses tourtes qu'on y retrouve aux alentours du village. Quelqu'un lui aurait dit qu'il y en avait tellement que c'est arrivé qu'on en abatte 130 d'un seul coup de fusil!

Les pâtés de toutes sortes sont populaires au menu et chaque famille à sa façon de préparer ses pâtés délicieux. Ce chapitre contient plusieurs recettes de ces pâtés qui témoignent du sens créatif des mères de famille qui devaient souvent composer leur menu avec peu de nourriture pour satisfaire toute une marmaille affamée.

PETITE PANSE

La petite panse est une spécialité exclusive à l'Ile-aux-Coudres. On prépare de la petite panse surtout pour la période des Fêtes et quelquefois à Pâques. Madame Yvonnie Pedneault m'a raconté comment les gens de l'Ile-aux-Coudres la préparent.

Tout d'abord, il faut demander au boucher de nous réserver une petite panse. La petite panse est le petit estomac du porc. Celle-ci doit être bien nettoyée "comme nous l'avons appris de nos parents et grands parents" de dire madame Pedneault. D'après celle-ci c'est une opération délicate qu'il faut apprendre en regardant travailler quelqu'un qui s'y connaît.

Ensuite, la petite panse est farcie avec une préparation de viande similaire à la préparation de tourtière. Une fois la farce insérée dans la petite panse, il faut coudre celle-ci pour bien la fermer. Il ne reste plus qu'à la faire cuire au four. Madame Pedneault badigeonne sa petite panse de bovril et y place une couple de cuisses de poulet au fond de la casserole. En cuisant, les cuisses rendent un jus de cuisson qu'on utilise pour arroser et aromatiser la petite panse.

Une fois la cuisson terminée, On taille la panse en tranches pour la servir. Madame Pedneault m'a raconté que certaines personnes mangent seulement la farce parce qu'elles n'aiment pas la texture et le goût de la panse. Celle-ci m'a confié qu'elle aime beaucoup le goût de la panse et qu'une petite panse farcie de cette façon est "bien meilleure que de la tourtière".

Tourtière de Charlevoix

Il y a deux façons de préparer la tourtière dans la région. Certaines personnes font cuire les ingrédients avant de les mettre dans la pâte tandis que d'autres déposent les ingrédients crus dans la pâte avant de la faire cuire. La plupart m'ont affirmé que la tourtière est meilleure si elle est préparée avec des ingrédients crus. C'est pour sauver du temps qu'on fait mijoter la viande et les pommes de terre avant de les déposer dans la pâte. Une dame de Baie Sainte-Catherine m'a confié que sa mère préparait la tourtière avec des viandes crues tandis qu'elle la prépare avec des ingrédients cuits. Elle trouvait cette méthode plus pratique puisque sa tourtière était prête lorsque les enfants arrivaient de l'école. Si vous désirez préparer une tourtière avec des ingrédients crus, il suffit d'omettre l'étape de cuisson des ingrédients, mêler les pommes de terre et la viande et déposer dans la pâte avant d'ajouter l'eau de trempage des pommes de terre à égalité des ingrédients avant de recouvrir de pâte. Cuire à 350°F [180°C] pendant une heure et poursuivre la cuisson à 250°F [120°C] pendant 6 heures. Personnellement j'aime le goût qu'on obtient par ces deux méthodes. La saveur de la tourtière préparée avec de la viande crue est un peu plus prononcée que la tourtière faite d'ingrédients cuits. Ce plat est toujours meilleur si on utilise un peu de gibier comme du lièvre, de la perdrix, de l'outarde ou de l'orignal pour le préparer.

1 lb	*lard dans l'épaule*	*500 g*
1 lb	*bœuf ou gibier*	*500 g*
1 lb	*veau*	*500 g*
6	*oignons moyens hachés*	*6*
4	*grosses de pommes de terre*	*4*
3 c. à thé	*sel*	*15 ml*
1 c. à thé	*poivre moulu*	*5 ml*
3	*recettes de pâte à tarte (voir index)*	*3*

1. Hacher les viandes au moulin à la viande en utilisant un disque avec des trous d'environ $1/4$ po [0.5 cm] de grosseur

ou tailler au couteau.
2. Ajouter les oignons hachés, le sel et le poivre aux viandes mélangées et bien mêler. Laisser reposer au réfrigérateur pendant toute une nuit.
3. Tailler les pommes de terre en cubes de $1/2$ po [1 cm] environ et couvrir d'eau froide. Laisser tremper toute la nuit au réfrigérateur ou dans un endroit frais.
4. Verser le mélange de viande dans une grande casserole et ajouter les pommes de terre avec l'eau de trempage. Ajouter de l'eau bouillante jusqu'à égalité des ingrédients.
5. Faire mijoter le mélange pendant environ 20 minutes en brassant de temps à autre. Arrêter la cuisson lorsque le mélange de viande perd sa couleur rosée. Prendre un grand moule de pâte à tarte, verser le mélange dans l'abaisse, badigeonner les bords d'un mélange d'œuf battu avec un petit peu de lait, recouvrir d'un abaisse et sceller la pâte. Faire un trou au milieu de la tourtière, y insérer une petite cheminée faite de papier aluminium et placer un cordon de pâte autour en scellant avec un peu du mélange d'œuf battu.
6. Cuire la tourtière pendant 30 minutes à 400°F [200°C] et pendant 2 heures à 350°F [180°C]. Laisser reposer quelques minutes avant de servir.

Pâté à la viande

Monsieur Hervé Gobeil de la boulangerie Le Temps d'un Pain a une façon bien à lui de préparer des pâtés à la viande; il laisse reposer sa viande crue au réfrigérateur pendant toute la nuit après y avoir incorporé les oignons, le sel et le poivre. Ainsi la viande absorbe le parfum des assaisonnements un peu comme lorsqu'on prépare une tourtière de Charlevoix. Il a appris cette méthode de sa mère.

2 lb	porc haché	1 kg
1	gros oignon haché	1
2 c. à thé	sel	10 ml
1 c. à thé	poivre	5 ml
¼ c. à thé	clou moulu (facultatif)	1 ml
1½ tasses	eau bouillante	375 ml
	Pâte à tarte pour deux croûtes (voir index)	

1. Dans un grand bol, incorporer l'oignon haché, le sel et le poivre au porc haché. Placer au réfrigérateur toute la nuit ou pendant 12 heures.
2. Placer la préparation de porc dans un chaudron et ajouter l'eau bouillante en brassant pour émietter la viande. Ajouter le clou et laisser mijoter à feu doux pendant 45 à 60 minutes.
3. Une fois la préparation cuite, enlever le surplus de liquide à l'aide d'une louche. Il faudra enlever à peu près la même quantité de liquide que l'eau qui a été ajouté; la préparation doit contenir juste assez de liquide pour que le pâté ne soit pas trop sec. Refroidir complètement avant de déposer dans la pâte à tarte.
4. Tapisser une assiette à tarte de pâte, déposer le mélange de viande, badigeonner le bord de la croûte avec un œuf battu avec un peu de lait, recouvrir d'une autre abaisse, sceller et badigeonner le dessus du mélange d'œuf. Faire 2 ou 3 incisions dans la pâte et mettre dans le bas du four à

400°F [200°C] pendant 15 minutes et à 350°F [180°C] pendant environ 30 minutes ou jusqu'à ce que la croûte soit dorée.

¤ 2 à 3 pâtés de 9 po [23 cm]

Ragoût à la mode de Saint-Siméon

Cette recette donne environ 10 portions mais il est possible de la préparer en plus petite quantité sans en altérer le goût. Quelquefois je prends une partie de cette préparation pour en faire une tourtière. Je sers le ragoût à la mode la journée même et je garde la tourtière pour un repas ultérieur. Pour faire la tourtière, il suffit de mettre la préparation dans un plat tapissé de pâte à tarte, y verser ensuite l'eau des pommes de terre et recouvrir d'une seconde abaisse. Il ne faut pas saupoudrer le mélange de farine comme il est indiqué de procéder pour le ragoût. Cette tourtière est aussi populaire dans Charlevoix qu'au Saguenay-Lac-Saint-Jean.

1 lb	bœuf provenant d'une coupe moins tendre	500 g
1 lb	porc dans l'épaule	500 g
1 lb	veau dans le jarret ou l'épaule	500 g
6	oignons moyens hachés	6
4	grosses pommes de terres	4
3 c. à thé	sel	15 ml
1 c. à thé	poivre	5 ml
	Farine tout usage	

1. Tailler les viandes en cubes de 1/4 po [0.5 cm] de côté ou hacher au moulin à viande utilisant le disque avec des gros trous.
2. Placer les viandes taillées dans un grand bol, ajouter les oignons hachés, le sel et le poivre. Mélanger jusqu'à homogène et mariner au réfrigérateur pendant environ 12 heures.
3. Peler les pommes de terre, tailler en cubes de 1/2 po [1 cm] et couvrir d'eau froide. Laisser reposer 12 heures comme pour la préparation de viande.
4. Égoutter les pommes de terre en réservant l'eau de trempage. Bien mêler les pommes de terre avec la préparation de viande.

5. Dans une casserole avec couvercle, placer un rang de préparation de viande et pommes de terre et saupoudrer de farine pour obtenir une surface blanche. Répéter cette opération une deuxième fois et ajouter l'eau de trempage des pommes de terre jusqu'à égalité de la préparation. S'il n'y a pas assez d'eau de trempage des pommes de terre, utiliser de l'eau froide au besoin. Couvrir la casserole et cuire pendant une heure à 350°F [180°C] et ensuite 5 heures à 250°F [120°C].

Ce plat se réchauffe bien et peut se congeler.

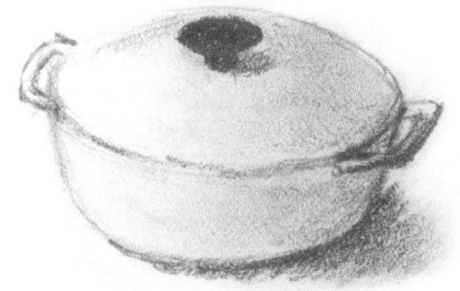

Pâtés croches

Ces petits pâtés de viande de l'Ile-aux-Coudres sont également populaires dans le reste de la région. A plusieurs endroits on leur donne le nom de petits chaussons à la viande. A Saint-Siméon, ils portent le nom de petits pâtés plissés à l'orteil ou encore petits pâtés de la mère Noël. On racontait aux enfants que la femme du père Noël préparait ces petits pâtés que le père Noël plaçait dans chacun de leurs bas de Noël. Un Charlevoisien m'a raconté que les pâtés croches sont originaires de l'Acadie. Les gens pauvres de l'Acadie fabriquaient leurs pâtés de viandes sans assiette parce qu'ils n'avaient pas les moyens de s'en acheter. Comme le pâté se déformait lorsqu'on le déposait dans le four on lui donna le nom de pâté croche.

Il y a deux façons de préparer les pâtés croches. Certains utilisent la viande crue tandis que d'autres font cuire la viande quelque peu avant de la placer dans la pâte. Les deux méthodes font de bons pâtés mais comme j'ai pu le constater, les petits pâtés faits de viande crue, sont plus secs après avoir été congelés ou réchauffés. Madame Yvonnie Pedneault m'a confié qu'il est préférable de faire "dégourdir la viande" c'est à dire faire mijoter la viande une dizaine de minutes avant de l'utiliser pour préparer les pâtés.

6 tasses	farine	1 1/2 L
1 c. à thé	sel	5 ml
2 1/2 tasses	lait	600 ml
1/4 c. à thé	bicarbonate de soude	1 ml
1 tasse	graisse végétale	250 ml
3 lb	porc haché	1 1/2 kg
1	oignon moyen haché	1
3/4 tasse	eau	175 ml
3 c. à thé	sel	15 ml
1 c. à thé	poivre	5 ml

1. Pour préparer la pâte, ajouter la première quantité de sel à deux tasses de farine. Chauffer le lait au point d'ébullition, ajouter le bicarbonate de soude et incorporer au mélange de farine. Ajouter la graisse fondue, bien mêler et ajouter le reste de la farine. Brasser jusqu'à ce que la pâte ne colle plus aux doigts.
2. Dans une casserole, mêler la viande avec l'eau, l'oignon, la deuxième quantité de sel et le poivre. Amener au point d'ébullition en brassant sans arrêt. Mijoter 10 minutes et retirer du feu. Refroidir avant d'utiliser.
3. Abaisser la pâte en cercles de 6 po [15 cm], déposer environ 2 c. à table [30 ml] combles de mélange de viande sur la pâte, replier la pâte en demi-lune et bien refermer les bords en repoussant la pâte vers la pochette de viande.
4. Déposer les petits pâtés sur une tôle et cuire à 325°F [160°C] pendant 45 à 60 minutes jusqu'à ce que la pâte soit dorée.

¤ 15 à 18 pâtés croches

Ragoût de poulet et de porc

Les gens de l'Ile-aux-Coudres aiment particulièrement ce ragoût. Son goût est plus doux et plus subtil qu'un ragoût préparé seulement avec du porc. On peut utiliser les pattes d'avant ou d'arrière du porc mais on obtient plus de viande avec les pattes d'arrière. Pour pouvoir dégraisser le ragoût, je fais cuire les pattes et le poulet une journée d'avance. Le lendemain je n'ai plus qu'à enlever la couche de gras qui recouvre les viandes. Je mets à chauffer le bouillon et aussitôt que celui-ci est liquide je récupère les pattes et le poulet avant de terminer la préparation du ragoût.

3 lb	poulet (environ)	1½ kg
2 lb	pattes de porc (environ)	1 kg
1	gros oignon	1
	Sel et poivre	
2 lb	porc haché	1 kg
1	petit oignon haché finement	1
¼ c. à thé	cannelle moulue	1 ml
⅓ tasse	eau froide	75 ml
2 c. à thé	sel	10 ml
1 c. à thé	poivre	5 ml
1 tasse	farine (environ)	250 ml

1. Placer le poulet entier et les pattes de porc dans une grande casserole et recouvrir d'eau froide. Amener à ébullition et écumer. Ajouter le gros oignon entier et mijoter pendant une heure. Enlever le poulet et continuer la cuisson pendant encore une heure ou deux jusqu'à ce que la chair du porc se détache facilement des os. Remettre le poulet dans le bouillon, amener à la température de la pièce et placer la casserole au réfrigérateur. Avant de continuer à préparer le ragoût, enlever la couche de gras qui s'est déposée sur le dessus, mettre le ragoût à chauffer et retirer les viandes aussitôt que le bouillon est liquéfié.

2. Désosser le poulet et les pattes de porc et réserver au réfrigérateur.
3. Mêler le porc haché, l'oignon haché, le sel, le poivre, la cannelle et l'eau. Façonner en boulettes. Amener le bouillon à ébullition et ajouter les boulettes une à une au bouillon. Mijoter pendant 30 minutes.
4. Pendant que les boulettes de porc mijotent, placer la farine dans un poêlon de fonte et griller à feu assez élevé en brassant constamment avec une fourchette jusqu'à ce que la farine soit un peu plus pâle que la couleur du beurre d'arachides.
5. Lorsque la farine grillée est refroidie et les boulettes cuites, diluer la farine dans l'eau froide et verser en filet dans le ragoût. Cuire pendant 10 minutes. Si la sauce n'est pas assez épaisse, diluer un peu de fécule de maïs dans l'eau froide et ajouter au ragoût. Laisser mijoter quelques minutes pour obtenir une belle sauce. Répéter cette opération à nouveau si nécessaire. Ajouter la chair du poulet et des pattes de porc et réchauffer avant de servir.

\# Servir le ragoût avec des pommes de terre bouillies et des betteraves au beurre.

Ragoût de noces

Ce ragoût est une tradition culinaire dans les familles de Saint-Siméon. Comme son nom l'indique on le sert principalement au repas de noces. Madame Rollande Harvey-Desbiens qui m'a expliqué comment préparer ce ragoût, m'a confié que certaines familles préparent leur sauce avec de la farine blanche tandis que d'autres préfèrent le goût de la farine grillée. Je vous suggère d'utiliser l'une ou l'autre au goût selon la tradition de votre famille.

1 1/2 lb	*gigot de porc (environ)*	750 g
1 1/2 lb	*gigot de bœuf (environ)*	750 g
1	*poitrine de poulet avec la peau et les os*	1
1	*gros oignon*	1
	Sel et poivre	
1 lb	*bœuf haché*	425 g
1 lb	*porc haché*	425 g
1	*oignon haché*	1
1	*œuf*	1
1/4 c. à thé	*clou moulu*	1 ml
1 1/2 c. à thé	*sel*	7 ml
1/2 c. à thé	*poivre*	3 ml
3 3/4 tasses	*farine blanche (environ)*	925 ml
	Farine grillée ou farine blanche pour épaissir	

1. Placer les gigots, la poitrine et l'oignon dans une grande casserole. Couvrir d'eau froide et amener à ébullition. Abaisser le feu, saler et poivrer légèrement et laisser mijoter 2 à 3 heures ou jusqu'à ce que les viandes soient tendres.
2. Refroidir complètement au réfrigérateur afin de pouvoir dégraisser le bouillon. Griller de la farine en plaçant de la

farine dans un poêlon de fonte et brasser constamment avec une fourchette à feu assez haut jusqu'à ce que la farine prenne une couleur un peu plus pâle que le beurre d'arachide.
3. Dégraisser le bouillon en enlevant la couche de gras qui s'est formée sur le dessus du bouillon. Faire chauffer le ragoût jusqu'à ce qu'il soit liquide, retirer les viandes et le poulet du bouillon, désosser et mettre au réfrigérateur. Prendre une tasse du bouillon et mettre de côté.
4. Dans un bol, mêler le bœuf haché, le porc haché, l'oignon haché, l'œuf, le sel et le poivre et façonner en petites boulettes.
5. Amener à ébullition le bouillon de viande, enrober les boulettes de viande dans la farine grillée et jeter dans le bouillon une à une. Laisser mijoter à feu doux environ $1^1/_2$ heures.
6. Aussitôt que les boulettes commencent à cuire, prendre la tasse de bouillon froid et y ajouter la farine blanche graduellement jusqu'à ce que l'on obtienne une pâte assez ferme semblable à la texture d'une pâte à pain. Abaisser cette pâte à environ $^1/_8$ po [0.3 cmm] d'épaisseur et couper en carré de 2 po [5 cm]. Déposer ces carrés un à un dans la casserole environ 20 minutes avant la fin de la cuisson. Ajouter aussi les morceaux de viandes cuites. Si le ragoût n'est pas assez épais, délayer de la farine grillée dans de l'eau froide et ajouter au ragoût. Laisser mijoter doucement jusqu'à épaississement.

Ce ragoût peut se congeler et se garde environ 4 jours au réfrigérateur.

Ragoût de noces de Baie-Sainte-Catherine

Par un curieux hasard, cette recette m'a été transmise par une dame provenant de la Gaspésie une semaine avant que je rencontre des personnes de Baie Sainte-Catherine. En décrivant cette nouvelle recette que je venais tout juste de préparer la semaine précédente, les gens de Baie Sainte-Catherine m'ont confirmé que cette même recette s'appelait Ragoût de Noces à Baie Sainte-Catherine. On peut donc penser que ce plat a probablement été transmis par un gaspésien qui traversa la mer pour se rendre à Baie Sainte-Catherine à moins que ce ne soit l'inverse.

Préparation

2 lb	bœuf en cubes	1 kg
8	pilons de poulet	8
1	morceau de lard salé carré de 4 po [10 cm] coupé en cubes de ½ po [1cm]	1
5	petits oignons hachés	5
2 c. à table	base de bouillon de poulet	30 ml
1 c. à table	base de bouillon de bœuf	15 ml
¼ c. à thé	piment de la Jamaïque	1 ml
4 à 6	pommes de terre taillées en cubes de 2 po [5 cm]	4 à 6

Pâtes

2 tasses	farine	500 ml
2 c. à thé	poudre à pâte	10 ml
¼ c. à thé	bicarbonate de soude	1 ml
½ c. à thé	sel	2 ml
1½ tasses	eau froide	375 ml

Préparation
1. Placer le bœuf, les pilons de poulet, le lard salé et les oignons dans un grand chaudron. Couvrir d'eau et amener à ébullition.
2. Ajouter la base de bouillon de bœuf et de poulet ainsi que le piment de la Jamaïque. Mêler délicatement.
3. Ajouter le pommes de terre et ramener à ébullition.
4. Laisser tomber la pâte par grosses cuillerées à table sur le dessus de la casserole. Couvrir la casserole et mijoter au four à 350°F [180°C] pendant 4 heures. Laisser reposer une heure avant de servir.

Pâtes
1. Préparer la pâte en mélangeant la farine, la poudre à pâte, le bicarbonate de soude et le sel. Incorporer l'eau froide jusqu'à ce que la pâte soit homogène.

¤ 8 à 10 portions

Rôti de gigot d'agneau

Madame Cadieux de la Ferme Éboulmontaise m'a mentionné que l'agneau du Québec devrait toujours être tendre. Pour obtenir une chair d'agneau tendre, il faut la laisser vieillir pendant au moins 7 jours après que la bête soit abattue. Pour apprécier toute la saveur de l'agneau, il est préférable de faire cuire jusqu'à rosé pas plus. Ce rôti d'agneau est un des plats favoris de la famille Cadieux.

5 lb	gigot d'agneau (environ)	2 kg
3	gousses d'ail	3
1/2 c. à thé	gros sel	2 ml
12	grains de poivre 3 couleurs	12
1 c. à thé	graines de coriandre	5 ml
1 c. à thé	thym séché	5 ml
1 c. à thé	romarin	5 ml
1 c. à table	moutarde de Dijon	15 ml
1 c. à table	huile	15 ml
1 boîte	consommé dilué de 10 onces [284 ml]	1 boîte
1/2 tasse	vin rouge sec	125 ml
	Beurre manié: mêler 2 c. à table [30 ml] de farine avec une quantité égale de beurre	

1. Chauffer le four à 425°F [220°C]. Dans un vieux linge de vaisselle ou un mortier avec pilon, écraser les gousses d'ail, les grains de poivre, le sel, les graines de coriandre, le thym, et le romarin. Faire des incisions dans le rôti et y insérer ce mélange.
2. Mêler l'huile et la moutarde et badigeonner le rôti. Placer le rôti dans une grande casserole et cuire pendant 15 minutes. Abaisser le four à 325°F [160°C], ajouter le consommé et le vin rouge et prolonger la cuisson à raison de 20 minutes la livre [le demi kilo] en arrosant à toutes les

quinze minutes.
3. Une fois la cuisson terminée, retirer le rôti de la casserole, ajouter un peu de beurre manié à l'aide d'un fouet au bouillon de cuisson, et faire bouillir quelques minutes pour épaissir la sauce. Répéter cette opération si nécessaire. Servir la sauce avec le rôti.

Côtelettes d'agneau à l'orange

Je suis reconnaissante envers madame Lucie Cadieux de la Ferme Eboulmontaise pour m'avoir permis de publier cette recette. C'est délicieux et ça se prépare en un rien de temps. A défaut de basilic, madame Cadieux suggère d'utiliser du coriandre ou une autre herbe aromatique de votre choix.

6	petites côtelettes d'agneau	6
1	petite gousse d'ail hachée finement	1
¼ tasse	sauce soya	60 ml
1 tasse	jus d'orange	250 ml
2 c. à table	oignon haché finement	30 ml
2 c. à table	basilic frais haché	30 ml
1 c. à table	huile végétale	15 ml

1. Dans un sac de plastique ou un plat, mêler tous les ingrédients excepté les côtelettes. Déposer les côtelettes et refermer le sac ou la casserole et laisser mariner pendant environ 30 minutes.
2. Retirer les côtelettes de la marinade et réserver la marinade. Faire brunir les côtelettes de chaque côté dans un poêlon après avoir fait chauffer l'huile.
3. Placer le poêlon au four pendant 10 à 15 minutes à 325°F [160°C]. La chair des côtelettes devrait être rosée.
4. Pour accompagner les côtelettes, amener à ébullition la marinade et servir dans des petits plats pour y tremper l'agneau.

Côtelettes de veau mijotées

Je remercie madame Lucia Girard pour cette recette de bon goût et simple à préparer.

4 à 6	*côtelettes de veau*	*4 à 6*
1 c. à thé	*beurre*	*5 ml*
1 c. à table	*huile*	*15 ml*
1 tasse	*coca-cola*	*250 ml*
2 c. à table	*cassonade*	*30 ml*
	Sel et poivre	

1. Assaisonner les côtelettes de sel et poivre. Dans un grand poêlon, fondre le beurre et l'huile et faire revenir les côtelettes des deux côtés jusqu'à ce qu'elles soient brun doré.
2. Ajouter le coca-cola et la cassonade et mijoter à feu doux pendant environ 40 minutes jusqu'à ce que la chair soit tendre. Arroser de jus de cuisson pour servir.

Rôti de veau braisé

La plupart du temps, madame Réjeane Girard apprête le rôti de veau de cette façon. Quelquefois elle met des carottes et des navets en morceaux autour du rôti une heure avant la fin de la cuisson. Le veau est populaire dans sa famille puisque son époux Augustin Girard pratique l'élevage du veau depuis plusieurs années. Pour préparer ce plat, on peut prendre un rôti d'épaule ou un rôti de palette de veau.

3 lb	palette de veau (environ)	2.5 kg
1	oignon tranché	1
3	tranches de lard salé gras	3
1 c. à thé	thym séché	5 ml
	Sel et poivre	
1 c. à table	huile végétale	15 ml
1 c. à table	beurre	15 ml
½ tasse	eau froide	125 ml

1. Dans une casserole qui va au four, fondre le beurre et l'huile. Pendant ce temps, saler et poivrer le rôti. Faire revenir le rôti de tous les côtés dans le corps gras chaud jusqu'à doré et mettre de côté.
2. Faire revenir les oignons doucement dans la casserole jusqu'à doré.
3. Remettre le rôti sur les oignons, parsemer de thym et couvrir avec les tranches de lard salé. Verser l'eau dans le fond de la casserole, couvrir et cuire pendant 3 heures à 325°F [160°C] jusqu'à ce que la veau soit tendre. Retourner le rôti après une heure de cuisson et ajouter d'autre eau si nécessaire. De préférence arroser le rôti à toutes les demi-heures. Servir avec une pomme de terre au four ou bouillie, des carottes et des navets.

¤ 4 portions

Sauce à patates

La sauce à patate est un des plats traditionnels favoris des Charlevoisiens. La façon de préparer la sauce à patates est presque identique dans toute la région sauf qu'à certains endroits on ajoute une pincée de sucre aux ingrédients. Ce mets porte différents noms d'un endroit à l'autre. D'après les témoignages recueillis, on parle de *cioune* (se prononce: kioune) ou *bigoune* à Baie Saint-Paul, *sauce à patates* aux Éboulements, à Saint-Irénée et à l'Ile-aux-Coudres tandis que quelqu'un de Saint-Fidèle m'a dit qu'il appelle ça des *petites patates à grillades*.

8	grillades de lard gras	8
1	gros oignon tranché	1
3 à 4	pommes de terre tranchées	3 à 4
	Sel et poivre	
	Pincée de sucre (si désiré)	
	Eau froide pour couvrir les pommes de terre	

1. Pour dessaler les grillades avant de les faire revenir, placer dans un petit chaudron, ajouter de l'eau froide, amener à ébullition et enlever du feu immédiatement. Rincer à l'eau froide et égoutter. Dans un grand poêlon de fonte faire revenir les grillades jusqu'à ce qu'elles soient croustillantes. Mettre de côté et garder au chaud.
2. Enlever du gras du poêlon en gardant environ 3 c. à table [45 ml]. Faire revenir les oignons jusqu'à transparents, ajouter les pommes de terre et faire revenir quelques minutes.
3. Saler et poivrer et saupoudrer avec la pincée de sucre. Ajouter de l'eau froide pour couvrir les pommes de terre. Couvrir et mijoter jusqu'à ce que les pommes de terre soient tendres. Servir avec les grillades de lard.

Bouilli de légumes

3 lb	côte croisée de bœuf (environ)		1.5 kg
3	tranches de lard salé gras		3
3 c. à table	herbes salées		45 ml
1	oignon pelé		1
1	navet pelé et coupé en gros morceaux		1
	Carottes pelées et coupées en gros morceaux		
	Fèves jaunes		
	Pommes de terre		
1	petit chou vert coupé en quartiers		1
	Poivre et sel au besoin		
8 tasses	eau froide		2 L

1. Fondre le lard dans une grande casserole.
2. Saupoudrer la pièce de viande de poivre et faire revenir pour colorer dans le gras de lard fondu.
3. Ajouter l'eau froide à la casserole, les herbes salées rincées à l'eau froide et l'oignon. Mijoter pendant 2 heures.
4. Ajouter les carottes, le navet, les pommes de terre et les fèves. Amener à ébullition, baisser le feu et mijoter environ 30 minutes jusqu'à ce que les légumes soient à demi-cuits. Ajouter les quartiers de chou et continuer la cuisson jusqu'à ce que le chou soit tendre. Saler au besoin.

Bœuf africain

Ce bœuf d'un goût exotique plutôt que traditionnel est délicieux. C'est probablement un plat qui fut amené dans la région avec le flot des touristes qui séjournent dans la région depuis plusieurs années. Ce plat se congèle et se réchauffe bien. Servir avec un riz et une salade verte ou un légume vert.

3 c. à table	huile végétale	45 ml
3 lb	bœuf en cubes de 1 po [2.5 cm]	1.5 kg
2	oignons émincés	2
1	piment vert en dés	1
1 boîte	crème de tomate de 10 onces [284 ml]	1 boîte
1 boîte	champignons de 10 onces [284 ml]	1 boîte
1 boîte	tomates en conserve de 28 onces [796 ml] hachées grossièrement	1 boîte
2	branches de céleri en dés	2
1 c. à thé	sel	5 ml
¼ c. à thé	poivre	1 ml
¼ c. à thé	thym	1 ml
1	piment vert haché	1
½ tasse	cassonade	125 ml
¼ tasse	vinaigre	60 ml
1 c. à thé	sauce anglaise worcestershire	5 ml
1	gousse d'ail hachée finement	1

1. Chauffer l'huile dans une casserole allant au four et y faire revenir à feu moyen 1 lb de cubes à la fois. Égoutter les cubes et les mettre de côté au fur et à mesure qu'ils sont dorés.
2. Replacer les cubes dans la casserole.
3. Ajouter tous les autres ingrédients et remuer.
4. Placer la casserole au four à 300°F [150°C]. Cuire 2 heures
5. Servir sur un lit de riz.

Boulettes de viande aux légumes

1 lb	bœuf haché	500 g
3 onces	lard salé	75 g
1	petit oignon haché	1
1 tasse	pois vert congelé ou frais	250 ml
1 tasse	fèves jaunes	250 ml
3	carottes	3
1 tasse	tomates en conserve ou fraîches	250 ml
1	feuille de laurier	1
2 tasses	eau froide	500 ml
1 c. à thé	sel	5 ml
½ c. à thé	poivre	2 ml
2 c. à thé	huile végétale	10 ml

1. Couper les fèves et les carottes en bouts de 1 po [2.5 cm]. Tailler les tomates en cubes avec leur jus et mettre de côté.
2. Saler et poivrer le bœuf haché et façonner en boulettes.
3. Enlever la couenne du lard salé et mettre de côté. Tailler le gras en petits cubes.
4. Dans une grande casserole, chauffer l'huile et y faire fondre le gras de lard jusqu'à croustillant. Mettre de côté. Enlever presque tout le gras excepté environ une cuillerée à table qui servira à faire revenir les boulettes.
5. A feu moyen, faire revenir les boulettes jusqu'à ce qu'elles soient dorées de tout côté. Enlever du poêlon et faire revenir les oignons en ajoutant un peu de gras au besoin. Lorsque les oignons sont d'un beau brun doré, remettre les boulettes dans la casserole, ajouter l'eau, les carottes, les fèves, la couenne de lard salé, les morceaux de lardons et la feuille de laurier. Amener à ébullition et mijoter pendant 30 minutes jusqu'à ce que les légumes soient cuits. Ajouter les tomates et réchauffer quelques minutes. Vérifier l'assaisonnement et servir dans des plats creux avec des pommes de terre.

¤ 3 portions

Pâté chinois

Les gens de Saint-Urbain et Petite-Rivière-Saint-François ont une façon bien particulière et inusitée de préparer du pâté chinois. A Saint-Urbain, on tapisse le moule de pâte à tarte, on y dépose les ingrédients du pâté chinois et on recouvre d'une seconde abaisse avant de mettre au four. A Petite Rivière Saint-François les gens m'ont raconté que lorsqu'ils veulent faire du pâté chinois un mets un peu plus luxueux, ils le recouvre de pâte à tarte avant de le faire cuire. Je trouve cette méthode tout à fait originale qui donne un goût délicieux au pâté chinois. A défaut d'oignon séché, faire revenir la moitié d'un oignon haché dans le poêlon avant d'y faire revenir le bœuf haché.

1 lb	*bœuf haché ou reste de bœuf cuit*	*500 g*
	Sel et poivre	
1 c. à thé	*base de bouillon de bœuf*	*5 ml*
1 c. à table	*oignon séché*	*15 ml*
1 boîte	*maïs en crème de 14 onces [398 ml]*	*1 boîte*
2 tasses	*pommes de terre purée (environ)*	*500 ml*
	Paprika	*1*
1	*abaisse de pâte à tarte*	*1*

1. Faire revenir le bœuf haché dans un peu d'huile dans un grand poêlon. Ajouter la base de bouillon de bœuf et l'oignon séché et mijoter 1 à 2 minutes. Assaisonner et enlever l'excès de gras si nécessaire.
2. Placer le bœuf dans une casserole et verser le maïs en crème pour couvrir tout le bœuf. Recouvrir de pommes de terre purée et saupoudrer de paprika.
3. Placer l'abaisse de pâte sur le pâté chinois et faire adhérer aux bords de la casserole. Badigeonner la pâte avec un mélange d'œuf battu avec une petite quantité de lait. Cuire le pâté à 350°F [180°C] pendant environ 40 minutes ou jusqu'à ce que la pâte soit légèrement dorée.

Poulet aux légumes

Ce mets est vite préparé et délicieux; les légumes et le poulet cuisent dans la même casserole. J'ai élaboré ce plat de poulet d'après les explications données par madame Irène Tremblay-Gauthier. C'est sa manière préférée d'apprêter le poulet.

1	*poulet de 3 lb [1¹/₂ kg]*	1
1	*petit navet*	1
4	*grosses carottes*	4
1	*enveloppe de soupe à l'oignon*	1
¹/₂ *tasse*	*eau froide*	*125 ml*

1. Enlever le plus de gras possible du poulet et l'excédent de peau.
2. Peler le navet et les carottes et couper en morceaux de 2 po [5 cm].
3. Emplir la cavité du poulet de légumes et placer le poulet dans une grande casserole qui va au four. Étendre le reste des légumes autour du poulet, saupoudrer le poulet avec le sachet de soupe à l'oignon et verser l'eau dans le fond de la casserole.
4. Couvrir la casserole et mettre au four pendant 1¹/₂ à 2 heures à 350°F [180°C] jusqu'à ce que la chair du poulet soit tendre et que les légumes soient cuits. Arroser le poulet avec le jus de cuisson 2 à 3 fois au cours de la cuisson.
5. Servir accompagné de pommes de terre bouillies ou de riz.

Ragoût de sanglier

Ce ragoût est un des mets préférés de la famille Bilodeau de Saint-Aimé-Des-Lacs. Pour préparer un bouillon de sanglier prendre des os de sanglier, rôtir au four et placer dans une casserole avec de l'eau et des légumes pour mijoter.

2 c. à table	beurre	30 ml
2 c. à table	huile végétale	30 ml
2 lb	sanglier en cubes de 1 po [2.5 cm]	1 kg
4 tasses	fond de veau ou bouillon de sanglier	1 L
1 tasse	vin rouge sec	250 ml
4	échalotes françaises hachées	4
1 lb	chanterelles ou champignons blancs	500 g
	Une pincée de cannelle et une pincée de clou	
	Sel et poivre	
	Farine grillée au besoin ou roux brun	

1. Chauffer un peu de beurre et d'huile dans une grande cocotte et faire revenir les cubes de sanglier jusqu'à doré de tous côtés. Ajouter d'autre huile et beurre au fur et à mesure que l'on fait revenir les cubes de viande. Mettre de côté.
2. Faire revenir les échalotes françaises et les champignons pendant quelques minutes en brassant.
3. Remettre les cubes de sanglier dans la cocotte, ajouter le vin et réduire de $1/4$ du volume. Ajouter le bouillon, la cannelle, le clou et assaisonner de sel et poivre.
4. Amener à ébullition, couvrir et mijoter pendant une heure à une heure et demi jusqu'à ce que les cubes de viande soient tendres.
5. Épaissir le ragoût en diluant de la farine grillée avec un peu d'eau froide; ajouter au ragoût en filet et laisser mijoter quelques minutes. Répéter l'opération si nécessaire.

¤ 3 à 4 portions

Pain de viande

Pas besoin de préparer de sauce pour accompagner ce pain de viande. La sauce cuit en même temps que le pain de viande dans la même casserole. Madame Marthe Boily qui m'a transmis cette recette utilise soit du porc et du bœuf haché ou seulement du bœuf haché pour le préparer.

½ lb	bœuf haché	250 g
½ lb	lard haché	250 g
1	petit oignon haché finement	1
1	œuf cuit dur écrasé	1
½	paquet de biscuits soda écrasés en chapelure	½
1 c. à table	sauce worcestershire	15 ml
1 c. à table	moutarde préparée	15 ml
3 c. à table	crème de tomate	45 ml
2 c. à table	beurre	30 ml
1 boîte	soupe aux tomates de 10 onces [284 ml]	1 boîte
½ boîte	eau	½ boîte

1. Bien mélanger tous les ingrédients et la moitié de la crème de tomates.
2. Verser le mélange dans un moule à pain et presser. Cuire pendant 1 heure à 350°F [180°C]. Incorporer l'eau au reste de crème de tomate et verser sur le pain de viande. Continuer la cuisson pour 15 minutes.
3. Servir avec pommes de terre au four ou bouillies.

Civet de lièvre

Habituellement je n'aime pas tellement le goût du lièvre, mais je dois avouer que je trouve cette recette de madame Lucia Girard tout à fait délicieuse. C'est souvent les recettes les plus simples qui sont les meilleures lorsqu'il s'agit d'apprêter du gibier.

1	*lièvre de grosseur moyenne*	*1*
1 c. à table	*beurre*	*15 ml*
1 c. à table	*graisse végétale*	*15 ml*
3	*tranches de lard salé*	*3*
1	*gros oignon haché grossièrement*	*1*
	Sel et poivre	
8	*carottes moyennes pelées entières*	*8*
6 c. à table	*farine pour épaissir la sauce (environ)*	*75 ml*

1. Couper le lièvre en portions et assaisonner de sel et poivre. Dans une grande casserole, fondre le beurre et la graisse. Colorer les morceaux de lièvre à feu moyen jusqu'à doré. Mettre de côté.
2. Dans le corps gras restant, faire revenir les oignons jusqu'à transparents. Remettre les morceaux de lièvre dans la casserole, ajouter les tranches de lard salé, couvrir d'eau froide, amener à ébullition et mijoter pendant 2 à 3 heures jusqu'à ce que la chair soit presque tendre.
3. Ajouter les carottes et continuer la cuisson pendant environ encore une heure jusqu'à ce que les carottes soient tendres.
4. Retirer les morceaux de lièvre de la casserole, mêler la farine avec de l'eau froide pour obtenir une texture de crème épaisse et ajouter à la casserole en versant en filet. Laisser mijoter quelques minutes pour épaissir la sauce. Au besoin ajouter d'autre farine. Remettre les morceaux de lièvre dans la casserole et assaisonner la sauce avant de servir.

¤ 3 portions environ

Sauce au dur

C'est surtout à Saint-Irénée et aux Éboulement qu'on m'a parlé de sauce au dur. Le dur est un ancien mot employé pour désigner du foie, le poumon était le mou. "Manger du dur" signifie manger du foie. Cette expression vient du vieux français dans le dialecte des gens des provinces de Normandie et de la Champagne. Autrefois on préparait la sauce au dur la même journée que l'on faisait boucherie. La recette qui suit provient de madame Irène Tremblay-Gauthier de Saint-Irénée. Madame Tremblay prépare sa sauce au dur avec de la graisse tandis que certains préfèrent utiliser du lard salé.

3 c. à table	graisse	45 ml
1/2 lb	porc maigre en cubes de 1/2 po [1 cm]	250 g
1/2 lb	foie de porc en cubes de 1/2 po [1 cm]	250 g
1	gros oignon haché	1
2	pommes de terre moyennes coupées en 6	2
2 tasses	bouillon de poulet	500 ml
1/2 c. à thé	sel	2 ml
1/4 c. à thé	poivre moulu	1 ml
1 c. à table	farine tout usage	15 ml
3 c. à table	eau froide	45 ml

1. Fondre 2 cuillerées de graisse dans une grande casserole et faire revenir les cubes de porc et foie de porc à feu moyen en brassant souvent jusqu'à ce que la viande soit bien dorée. C'est normal que ça colle un peu au fond. Retirer la viande du chaudron.
2. Ajouter la dernière cuillerée de graisse au chaudron et faire revenir l'oignon jusqu'à brun doré. Remettre la viande dans la casserole et bien mêler. Ajouter le bouillon de poulet, le sel et le poivre. Couvrir et laisser mijoter pendant 45 minutes.
3. Ajouter les pommes de terre et prolonger la cuisson pendant environ 20 minutes jusqu'à ce que les pommes de

terre soient tendres.
4. Mêler la farine et l'eau froide et ajouter à la casserole en filet en brassant délicatement. Cette opération devrait donner une belle sauce. Si la sauce n'est pas assez épaisse, mélanger une autre quantité de farine et eau froide et ajouter à la casserole. Servir.

¤ 2 à 3 portions

Moulin de l'Isle-aux-Coudres
Fonds Boulet
Collection Musée de Charlevoix

Poissons

Le fleuve Saint-Laurent, je m'excuse... je devrais plutôt dire la mer. Un vrai Charlevoisien n'emploie pas le mot fleuve. Il va à la mer, il pêche dans la mer, il va se baigner à la mer. Depuis le début du développement de la région, la mer a toujours occupé une grande importance dans la vie des Charlevoisiens. Les colons qui fondèrent les premiers villages sont arrivés par bateau sur la mer. A cette époque, il n'y avait pas encore de route pour franchir les montagnes de la région.

Durant la belle saison, les poissons de la mer, des lacs et des rivières apportent de la variété au menu. On pêche la truite et le saumon dans les lacs et les rivières et on installe des pêches à fascine sur le bord de la mer pour capturer l'anguille, le capelan, l'éperlan, la plie, le saumon et la morue. D'après les témoignages, tous s'accordent pour dire que le capelan a meilleur goût que l'éperlan. Anciennement, on prenait beaucoup d'anguilles dans la pêche à fascine. Les surplus d'anguilles étaient salés pour en faire provision pour l'hiver. Il paraît qu'on utilisait la peau d'anguille pour en faire des lanières pour attacher les cheveux ou tresser les raquettes.

Rôti d'anguille

Ceux qui aiment l'anguille m'ont indiqué que c'est en rôti qu'ils la préfèrent. Des dames m'ont avoué ne plus vouloir apprêter l'anguille à cause de mésaventures survenues pendant qu'elle en préparait pour le repas. Une dame m'a raconté que l'anguille qu'elle avait mise à cuire a disparu du poêlon pendant les quelques minutes qu'elle est sortie de sa cuisine pour s'occuper d'un enfant qui la réclamait. D'autres dames m'ont confirmé avoir vu bouger l'anguille pendant qu'elle cuisait.

Plusieurs trouvent que l'anguille est trop difficile à faire mourir mais toutes n'étaient pas du même avis: une dame qui aime l'anguille et en prépare régulièrement, mentionne que c'est très facile de faire mourir une anguille: "Il suffit de placer l'anguille dans un grand vesseau et de la recouvrir de gros sel. On laisse reposer de 12 à 24 heures et l'anguille sera morte". La recette qui suit m'a été transmise par madame Béatrice Bouchard de Petite-Rivière-Saint-François. Madame Bouchard met un peu de lait pendant que l'anguille cuit pour diminuer les senteurs dans la maison.

1	*morceau d'anguille la peau enlevée*	1
1	*oignon tranché*	1
1	*tomate tranchée (facultatif)*	1
	Sel et poivre	
	Un peu de lait	
	Sauce au pain (voir chapitre des sauces)	

1. Couper l'anguille en morceaux de 2 po [5 cm] et placer l'anguille dans un grand chaudron, couvrir d'eau froide et amener à ébullition. Après 5 minutes de cuisson, retirer l'anguille et rincer à l'eau froide.
2. Dans une rôtissoire, placer les morceaux d'anguille et couvrir avec une tranche d'oignon et une tranche de tomate. Verser une peu de lait dans le fond de la casserole et faire cuire l'anguille pendant environ 2 heures à 350°F [180°C] en arrosant de temps à autre. Ne pas couvrir.
3. Préparer la sauce au pain en y ajoutant des petits morceaux de tomates au goût. Servir avec l'anguille accompagné de pommes de terre au four.

Filet de morue à la poêle

La morue a toujours été un poisson apprécié dans la région. D'après un narrateur, on rapporte qu'en 1656 on aurait établi un véritable record de pêche. Le sieur Lépiné aurait pêché "vn millier de molue en vn iour à la Malbaye".

4	filets de morue d'une portion chacun	4
1	œuf	1
2 c. à table	eau froide	30 ml
2 c. à table	beurre	30 ml
1 c. à table	huile végétale	15 ml
	Sel et poivre	
	Farine tout usage	

1. Assaisonner les filets de sel et poivre. Battre l'œuf et l'eau dans un bol moyen. Déposer quelques cuillerées de farine dans une assiette.
2. Chauffer le beurre et l'huile dans un poêlon. Pendant ce temps, enrober un filet à la fois dans la farine, tremper dans le mélange d'œuf, laisser égoutter le surplus et mettre dans le poêlon. Cuire les filets à feu moyennement haut jusqu'à brun doré. Retourner une fois durant la cuisson. Cette opération est plus facile à réaliser si on place une spatule au dessous du filet et une au dessus du filet avant de le retourner. Une fois les filets cuits, éponger immédiatement sur du papier absorbant pour enlever le surplus de gras. Placer dans un four doux jusqu'au moment de servir. Si désiré accompagner de quartiers de citron.

Poisson en sauce fromage

1 1/2 lb	filet de poisson à chair blanche	750 g
1/4 tasse	beurre ou margarine	60 ml
1/4 tasse	farine tout usage	60 ml
2 tasses	lait	500 ml
1 tasse	cheddar frais râpé	250 ml
1/2 c. à thé	sel	2 ml
1 c. à table	persil frais de préférence	15 ml
	Paprika	

1. Chauffer le four à 425°F [220°C]. Fondre le beurre dans une casserole sans colorer. Y incorporer la farine et bien mélanger. Cuire doucement pendant une minute et retirer la casserole du feu.
2. Incorporer le lait et remettre la casserole sur le feu. Amener à ébullition en brassant sans arrêt. Cuire à feu moyen jusqu'à ce que la sauce épaississe. Retirer du feu et incorporer le fromage. Brasser jusqu'à ce qu'il n'y ait plus de trace de fromage. Assaisonner de persil, sel et poivre au goût.
3. Beurrer une grande casserole et couvrir le fond de sauce. Placer les filets sur cette sauce. Recouvrir du reste de sauce et saupoudrer de paprika. Cuire à 425°F [220°C] pendant environ 20 minutes. Le poisson s'effeuillera facilement à la fourchette s'il est cuit.

Éperlan ou capelan à la poêle

A chaque printemps, c'est avec hâte qu'on attend l'arrivée des éperlans et des capelans. On les apprête le plus souvent en friture ou rôtis dans le poêlon. Étant moins gras que le capelan, l'éperlan se conserve plus facilement au congélateur que le capelan. Le capelan est un poisson qui vit seulement dans l'eau salée tandis que l'éperlan peut vivre dans l'eau salée et l'eau douce de certains lacs.

On capture les éperlans et les capelans dans des pêches à fascines. La pêche à fascines est une sorte d'enclos construit par les fermiers qui sert à emprisonner le poisson sur le rivage à marée basse. Deux fois par jour on descend à la pêche pour ramasser les poissons à la pelle, à la fourche ou à l'épuisette. Il n'y a pas encore très longtemps, monsieur Gérard Bouchard exploitait une pêche à fascines à Saint-Irénée. Il utilisait un tracteur pour aller chercher les poissons. Au printemps le capelan est très populaire auprès des Charlevoisiens. Monsieur Bouchard raconte dans une entrevue accordée au journal régional "Le Plein Jour" que son épouse a déjà vendu 45 sacs de capelans en 40 minutes. Lorsque le capelan est abondant on dit que "le capelan roule". Autrefois les fermiers l'utilisaient pour engraisser leurs terres; c'était un bon engrais pour les pommes de terre.

*Éperlans ou capelans vidés,
    nettoyés et les nageoires coupées à
    l'aide de ciseaux*

Beurre et huile

Farine tout usage

1. Laver les petits poissons et enrober de farine. Secouer l'excès de farine et placer immédiatement dans un poêlon dont on a fait fondre un peu de beurre et d'huile.
2. Faire revenir à feu moyen jusqu'à doré des deux côtés. Éponger pour enlever le surplus de gras et servir avec des quartiers de citron.

Filets de truite braisés

C'est une des recettes préférées de madame Joyce Smith de la Pisciculture Smith des Éboulements. La truite apprêtée de cette façon est délicieuse, facile à préparer en plus d'être bonne pour la santé.

4	*filets de truite*	*4*
1 c. à table	*herbes salées*	*15 ml*
4 c. à thé	*jus de citron frais*	*20 ml*
⅓ tasse	*vin blanc sec*	*75 ml*

1. Dans une casserole avec couvercle qui va au four, placer les filets de truite. Rincer les herbes salées quelque peu à l'eau froide pour enlever le surplus de sel. Parsemer les herbes salées sur les filets de truite.
2. Arroser chacun des filets avec une cuillerée à thé de jus de citron et verser le vin dans la casserole. Couvrir et cuire pendant 10 à 20 minutes selon l'épaisseur des filets à 400°F [200°C]. La cuisson est à point lorsque le poisson s'effeuille facilement à la fourchette et que la chair est rose opaque.

¤ 2 portions

Bigoune à la truite

A défaut de tomates fraîches, utiliser 1 tasse [250 ml] de tomates en boîte. Dans ce cas ne pas utiliser toute la quantité d'eau mentionnée. Déglacer le poêlon avec 2 à 3 c. à table [30 à 45 ml] d'eau.

2	*truites fraîches de préférence*	2
2	*pommes de terre moyennes pelées*	2
1	*gros oignon*	2
2	*petites tomates en dés*	2
4	*tranches de lard salé entrelardé*	2
	Poivre	
¾ tasse	*eau froide*	*175 ml*

1. Chauffer le four à 350°F [180°C]. Hacher l'oignon et trancher les pommes de terre à ⅛ po [0.3 cm] d'épaisseur. Dans un poêlon de fonte de préférence, faire revenir les tranches de lard en utilisant un peu d'huile au besoin. Retirer du poêlon et mettre de côté.
2. Dans le gras de lard, faire revenir doucement les oignons jusqu'à ce qu'ils soient transparents. Ajouter les pommes de terre et continuer la cuisson en brassant de temps à autre. Lorsque les pommes de terre sont à demi-cuites, verser les légumes dans une casserole qui va au four. Ajouter l'eau au poêlon et mijoter en brassant pour récupérer les particules du fond du poêlon. Verser ce bouillon sur les légumes.
3. Couvrir les légumes avec les tomates et y déposer ensuite les truites. Saupoudrer les truites d'une pincée de poivre et couvrir avec les grillades. Couvrir la casserole et cuire pendant 30 à 45 minutes au four jusqu'à ce que les pommes de terre et la truite soit cuits. La truite est à point lorsque sa chair s'effeuille facilement avec une fourchette.

¤ 2 portions

Pâté d'éperlans

On entend parfois le mot éplan à la place d'éperlan. Eplan vient d'un dialecte de l'ancien français en Normandie. Il y en a qui préparent le pâté d'éperlans avec des éperlans crus et d'autres préfèrent faire cuire l'éperlan avant de le placer avec les autres ingrédients dans la pâte. Certains ajoutent des pommes de terre crues en très petits cubes ou encore recouvrent la préparation de pommes de terre purée avant de placer la pâte du dessus. La recette qui suit est la plus courante parmi les amateurs de pâté d'éperlans.

1 lb	*éperlans crus*	*500 g*
1 c. à thé	*beurre*	*5 ml*
2 c. à table	*oignon haché*	*30 ml*
2 c. à table	*échalote verte hachée*	*30 ml*
³/₄ tasse	*crème 35%*	*175 ml*
1 c. à thé	*sel*	*5 ml*
¹/₂ c. à thé	*poivre*	*2 ml*
2	*abaisses de pâte à tarte (voir pâte à tarte)*	*2*

1. Chauffer le four à 375°F [190°C]. Nettoyer les éperlans à l'eau froide. Enlever les arêtes en tenant la base des arêtes du côté que la tête a été coupé avec une main et la chair de l'autre main. Tirer sur l'arête en tenant fermement la chair du poisson. L'arête devrait s'enlever dans un seul morceau. Mettre les poissons de côté dans un bol.
2. Dans un petit poêlon, fondre le beurre et y faire revenir les oignons hachés jusqu'à transparents pas plus. Ajouter aux poissons dans le bol. Ajouter les échalotes hachées, le sel, le poivre et la crème. Bien mélanger.
3. Placer une abaisse de pâte à tarte dans une assiette à tarte de 9 po [23 cm], verser la préparation de poisson et recouvrir d'une autre abaisse.
4. Placer dans le bas du four et cuire pendant environ 45 minutes jusqu'à ce que la pâte soit dorée.

Pâté au saumon d'autrefois

A l'époque où le saumon abondait dans les rivières de Charlevoix, on mangeait fréquemment du saumon frais. Comme il était moins dispendieux que de nos jours, on l'employait pour préparer le pâté au saumon. Après avoir goûté à ce pâté, j'ai découvert qu'en utilisant du saumon frais plutôt que du saumon en conserve on obtient un pâté encore plus savoureux. C'était mon premier pâté fait de saumon frais mais surement pas le dernier! On peut faire cuire le saumon dans du beurre dans un poêlon ou le faire pocher.

1^1/$_2$ tasses	saumon cuit défait en petits morceaux	375 ml
1^1/$_2$ tasses	sauce béchamel (voir sauce béchamel)	375 ml
2 tasses	pommes de terre purée	500 ml
1	petit oignon haché finement	
	Pâte à tarte pour deux croûtes (voir pâte à tarte)	

1. Placer une abaisse de pâte à tarte dans une assiette à tarte.
2. Déposer le saumon cuit dans l'abaisse de pâte et couvrir de béchamel.
3. Ajouter l'oignon haché aux pommes de terre purée et étendre ce mélange sur la préparation de saumon. Recouvrir de pâte, sceller et cuire pendant 20 minutes à 400°F [200°C] et environ 20 minutes à 350°F [180°C].

Écorchage de l'anguille
Fonds Palardy
Collection Musée de Charlevoix

Légumes et Salades

Le potager apporte de la variété au menu des Charlevoisiens depuis le début du développement de la région. En 1749, lors de son passage dans la région, Pehr Kalm note que le potager contient des choux, des oignons, des betteraves, des carottes, de la laitue, du navet, du concombre et des courges. Il remarque qu'il y a beaucoup de navet mais que "presque personne n'a de pommes de terre". La pomme de terre n'était pas encore très populaire à l'époque. Chaque habitant avait son potager pour suffire aux besoins de sa famille.

Dans la région, il y a des microclimats à plusieurs endroits. A certaines places on jouit d'un microclimat aux températures plus clémentes et c'est pour cette raison qu'il est possible de cultiver certaines variétés de fruits et légumes qui requièrent normalement un climat plus doux que celui de Charlevoix. Le relief montagneux, la proximité de la mer et les vents dominants sont les principaux facteurs qui définissent ces microclimats. Aux Éboulements centre, monsieur Jean Leblond cultive des artichauts qui poussent normalement dans un climat beaucoup plus chaud que celui que l'on retrouve habituellement dans la région. Durant la belle saison, les résidents et villégiateurs de passage dans la région peuvent se procurer les délicieux légumes vendus aux petits kiosques installés à proximité des fermes.

Purée de navet

Les mots navet, chou de siam, choutiam ou encore naveau sont utilisés pour désigner le même légume. Naveau viendrait des régions rurales de France.

2	*petits navets*	
4 c. à table	*beurre*	*60 ml*
¾ tasse	*lait chaud*	*175 ml*

1. Peler les navets et les faire cuire à l'eau salée jusqu'à ce qu'ils soient tendres.
2. Réduire les navets en purée, ajouter le beurre et le lait et assaisonner de sel et poivre au goût. Servir.

¤ 6 portions

Navet aromatisé au thym

C'est monsieur Marc Bérubé de La Ferme des Monts qui m'a donné cette recette. Il a tout à fait raison de dire que le navet a un goût beaucoup plus doux lorsqu'il est cuit de cette manière.

	La moitié d'un navet moyen pelé	
2 c. à table	beurre	30 ml
½ c. à thé	thym séché (Ou 1 c. à thé [5 ml] thym frais haché finement)	2 ml
	Sel et poivre au goût	

1. Râper le navet sur le gros côté de la râpe ou avec la râpe du robot culinaire et placer dans une marguerite.
2. Faire cuire le navet à la vapeur pendant 20 à 45 minutes jusqu'à ce qu'il soit tendre mais encore légèrement croquant. Le temps de cuisson du navet dépend de sa fraîcheur.
3. Ajouter le beurre en noisettes et le thym au navet cuit, saler et poivrer au goût.

¤ 2 portions

Patates sous le chaudron

Aussi surprenant que cela puisse paraître, les pommes de terre sont bien placées directement sur le poêle à bois ou dans un poêlon de fonte et recouverte d'un chaudron renversé ou d'un couvercle quelconque qui peut convenir.

Pommes de terre

1. Peler les pommes de terre et placer directement sur le poêle à bois à feu doux ou dans un poêlon de fonte, recouvrir d'un couvercle ou chaudron inversé et cuire pendant environ 45 minutes.
2. Lorsque les pommes de terre sont cuites, supprimer la partie brûlée ou quasi brûlée avant de consommer.

\# Délicieux avec un goût se rapprochant de la pomme de terre au four!

Chou à l'étuvée

¹/₂	gros chou haché grossièrement	¹/₂
2 c. à table	graisse	30 ml
1 c. à table	pâte de tomate	15 ml
¹/₃	tasse d'eau	75 ml
	Sel et poivre	

1. Amener un chaudron d'eau à ébullition, y jeter le chou, ramener à ébullition et égoutter immédiatement le chou.
2. Fondre la graisse et faire revenir le chou pendant 5 minutes en brassant sans arrêt. Couvrir et mijoter 15 minutes en brassant de temps à autre.
3. Ajouter l'eau et la pâte de tomate, bien mêler et continuer la cuisson jusqu'à ce le chou soit tendre. Assaisonner de sel et poivre au goût..

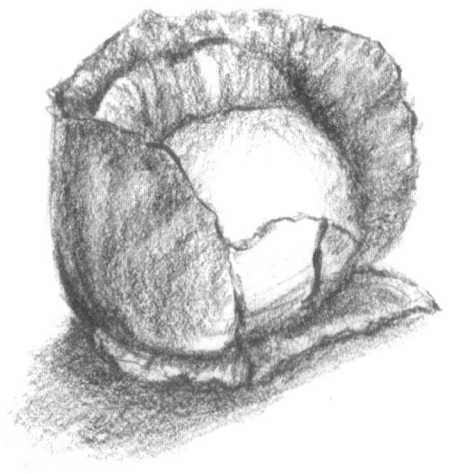

Légumes en sauce poulette

Cette casserole de légumes accompagne bien les saucisses ou le jambon.

Préparation

1½ tasses	navet en cubes de 1 po [2.5 cm]	375 ml
1½ tasses	carotte en cubes de 1 po [2.5 cm]	375 ml
1½ tasses	pois vert frais ou congelés	375 ml

Sauce

3 c. à table	beurre	45 ml
3 c. à table	farine	45 ml
1 tasse	lait	250 ml
1 tasse	eau de cuisson des légumes	250 ml
	Un jaune d'œuf	

Préparation

1. Faire cuire les navets et les carottes pendant 10 minutes à l'eau bouillante salée. Ajouter les pois et continuer la cuisson pendant encore 10 minutes. Égoutter les légumes et réserver une tasse d'eau de cuisson pour préparer la sauce.

Sauce

1. Fondre le beurre et ajouter la farine. Cuire une minute sur la cuisinière ou au micro-ondes à 100%.
2. Incorporer le lait et le bouillon de légume à l'aide d'un fouet et cuire en brassant sans arrêt jusqu'à ébullition. Laisser mijoter la sauce jusqu'à épaississement ou cuire à 100% au micro-ondes en brassant de temps à autre.
3. Mélanger un peu de sauce avec le jaune d'œuf et incorporer ceci au reste de la sauce. Assaisonner de sel et poivre et verser les légumes dans la sauce.

¤ 4 portions

Fèves au lard

Ces fèves au lard sont encore meilleures lorsqu'elles sont réchauffées. Autrefois, c'était fréquent de remplacer les fèves blanches par des fèves rouges. On cultivait la fève rouge qui servait à préparer des fèves au lard, de la sauce ou de la soupe aux fèves.

4 tasses	*fèves sèches blanches*	*1 L*
1	*gros oignon haché grossièrement*	*1*
½ lb	*lard salé gras tranché mince*	*250 g*
	Une pincée de moutarde sèche	
	Poivre	
2 c. à table	*mélasse*	*30 ml*
2 c. à table	*cassonade*	*30 ml*

1. Laver et tremper les fèves toute la nuit ou environ 8 heures dans l'eau froide. Rincer les fèves à l'eau froide et égoutter.
2. Placer les tranches de lard dans une casserole et couvrir d'eau froide. Amener à ébullition et retirer du feu immédiatement. Enlever l'eau et rincer bien à l'eau froide. Égoutter.
3. Fondre les tranches de lard dans une grande casserole de fonte noire de préférence. Lorsque le lard est à demi cuit, retirer de la casserole et faire revenir les oignons dans le corps gras jusqu'à transparents. Mettre les oignons de côté.
4. Dans la casserole, placer un rang de fèves, un rang d'oignons cuits et un rang de tranches de lard. Répéter cette opération jusqu'à ce qu'il n'y ait plus d'ingrédient. Ajouter la moutarde, le poivre, la mélasse et la cassonade. Couvrir d'eau et cuire pendant environ une heure à 350°F [180°C] et 6 à 8 heures à 250°F [120°C] jusqu'à ce que les fèves soient tendres.

Salade à la crème

Cette recette de salade vite faite et délicieuse m'a été transmise par mon voisin monsieur Roland Fortin. J'en prépare à chaque été lorsque les jeunes laitues fraîches du jardin sont prêtes.

Laitue frisée rouge de préférence déchiquetée

Échalotes vertes hachées

Crème 15 ou 35%

Sel et poivre

1. Placer la laitue déchiquetée dans une assiette à dessert. Garnir d'échalotes hachées, arroser de crème, saler et poivrer au goût.

¤ 1 portion

Salade de betteraves

Mon amie Monique Maguire prépare cette salade à chaque automne lorsqu'elle récolte les betteraves de son jardin. C'est un plat coloré arrosé d'une vinaigrette qui rehausse le goût délicat des betteraves.

6	betteraves moyennes	6
1 c. à table	persil frais haché	15 ml
1	petit oignon tranché et défait en rondelles	1
4 c. à table	huile végétale ou tournesol	60 ml
4 c. à table	jus de citron frais	60 ml
1 c. à table	graines de sésame	15 ml

1. Laver les betteraves, couper les feuilles en laissant environ 1 po [2.5 cm] de tiges et ne pas couper les queues. Cuire les betteraves dans l'eau jusqu'à ce qu'elles soient tendres pendant 30 minutes à 1 heure ou même plus selon la grosseur et la fraîcheur de la betterave. Refroidir, peler et trancher les betteraves.
2. Placer les betteraves dans un bol, ajouter le reste des ingrédients excepté les graines de sésame. Placer au réfrigérateur une heure ou plus.
3. Ajouter les graines de sésame au moment de servir.

¤ 4 portions

Sauces et Charcuteries

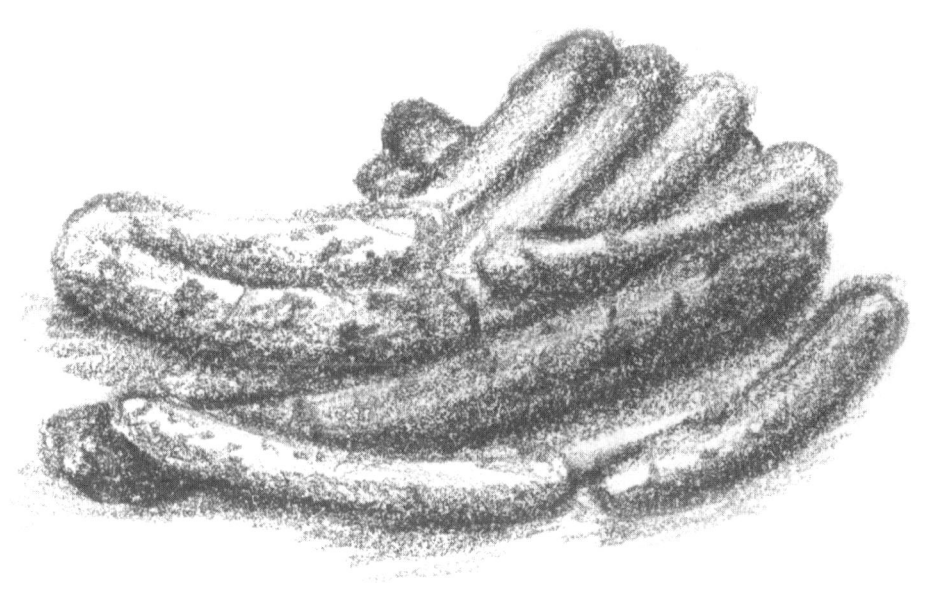

La plupart du temps les sauces sont servies comme repas principal accompagnées de pommes de terre bouillies. Le lard salé, les produits laitiers et les légumes sont les principaux ingrédients utilisés pour les préparer. Ces sauces toujours appréciées, ont joué un rôle important principalement lorsqu'il fallait nourrir toute la famille lors de périodes économiques difficiles. De plus, les sauces aux légumes ou aux œufs étaient accommodantes pour les jours d'abstinence imposés par la religion catholique.

Les charcuteries sont préparées à l'automne lorsque la température est assez froide pour faire boucherie. Quand le froid arrive tôt en saison, on dit que "les Avents sont tôt" ce qui signifie que c'est le temps de se préparer à faire boucherie pour transformer les viandes en boudins, cretons, tête fromagée, saucisses et pâté de foie.

Sauce aux fèves rouges

La goût robuste des fèves rouges se marie à la sauce béchamel. Servir avec des pommes de terre au four ou bouillies. Pour préparer ce plat on peut utiliser des fèves cuites en conserve ou faire cuire les fèves sèches au préalable. Plusieurs personnes m'ont raconté qu'elles préparaient des sauces avec des fèves blanches fraîches du jardin. Il suffisait de faire cuire ces fèves jusqu'à ce qu'elles soient tendres avant de préparer la sauce. Il paraît que c'était délicieux.

3 c. à table	*beurre*	*45 ml*
1	*gros oignon haché*	*1*
2 tasses	*lait*	*500 ml*
3 c. à table	*fécule de maïs*	*45 ml*
	Un peu d'eau froide	
1 boîte	*fèves rouges cuites en conserve égouttées*	*1 boîte*

1. Faire revenir l'oignon dans le beurre dans une casserole moyenne sans laisser brunir.
2. Ajouter le lait et réchauffer jusqu'à ce que le lait commence à frémir.
3. Mêler la fécule et l'eau et ajouter à la casserole en brassant. Continuer la cuisson à feu doux jusqu'à ce que la sauce soit assez épaisse.
4. Ajouter les fèves égouttées et rincées à l'eau froide et réchauffer. Assaisonner de sel et poivre au goût et servir.

¤ 3 à 4 portions

Sauce à la poche

La sauce à la poche était préparée et mise à congeler dans des contenants durant la période hivernale. Lorsque les hommes partaient pour les chantiers, on démoulait ces blocs de sauce et on les plaçait dans une grande poche pour les transporter au chantier. Gardés au froid, il suffisait de dégeler un bloc quand on avait le goût de manger une sauce à la poche.

4 onces	lard salé tranché	250 g
2	oignons moyen haché grossièrement	2
1½ tasses	eau froide	375 ml
2 c. à table	farine	30 ml
4 c. à table	eau froide	60 ml
¼ c. à thé	poivre	1 ml

1. Placer les tranches de lard salé dans une casserole, couvrir d'eau froide et amener à ébullition. Retirer du feu et rincer à l'eau froide.
2. Placer les grillades dans un poêlon et faire revenir jusqu'à croustillantes en commençant à feu doux. Retirer les grillades du poêlon et garder au chaud.
3. Faire revenir les oignons dans le gras de lard (enlever un peu de gras si il y en a trop) jusqu'à doré en brassant sans arrêt.
4. Ajouter la tasse et demi d'eau froide et amener à ébullition en passant une spatule dans le fond de la poêle pour y dégager les particules de viande.
5. Mêler la farine et l'eau froide et ajouter au poêlon en brassant sans arrêt. Mijoter quelques minutes. Ajouter le poivre et les grillades si désiré. On peut manger les grillades à part ou dans la sauce. Servir avec des pommes de terre sous le chaudron.

¤ 2 portions

Sauce au pain

La sauce au pain est très semblable à la sauce à la poche. Plutôt que d'être épaissie avec de la farine comme la sauce à la poche, elle est faite avec de la mie de pain émietté. C'est ce qui lui donne un peu de consistance. Servir la sauce au pain avec des pommes de terre bouillies ou des pommes de terre sous le chaudron.

4 tasses	fèves sèches blanches	1 L
1	gros oignon haché grossièrement	1
$1/2$ lb	lard salé gras tranché mince	250 g
	Une pincée de moutarde sèche	
	Poivre	
2 c. à table	mélasse	30 ml
2 c. à table	cassonade	30 ml

1. Tailler le lard en tranches minces et cuire dans un grand poêlon à feu moyen jusqu'à croustillant. Mettre les tranches de lard de côté et garder au chaud. Pendant que le lard cuit, mettre la mie de pain à tremper dans l'eau.
2. Enlever le surplus de gras du poêlon excepté environ 2 c. à table [30 ml] pour faire cuire les oignons.
3. Faire revenir les oignons dans le lard fondu à feu moyen jusqu'à ce que les oignons soient d'un beau brun doré. Brasser souvent pendant le cuisson.
4. Ajouter l'eau et la mie de pain, amener à ébullition et mijoter quelques minutes. Assaisonner et servir accompagné des grillades et de pommes de terre.

¤ 2 portions

Sauce aux œufs durs

4 c. à table	beurre	60 ml
1	oignon moyen haché	1
4 c. à table	farine	60 ml
2 tasses	lait	500 ml
	Sel et poivre	
6	œufs durs hachés	6

1. Fondre le beurre et ajouter l'oignon haché. Faire revenir l'oignon à feu doux jusqu'à ce qu'il soit transparent.
2. Retirer la casserole du feu et incorporer la farine avec un fouet. Cuire à feu doux pendant une minute en brassant sans arrêt. Retirer la casserole du feu.
3. Incorporer le lait graduellement avec le fouet, remettre la casserole sur le feu, amener à ébullition en brassant sans arrêt, réduire le feu et mijoter jusqu'à ce que la sauce ait bonne consistance. Assaisonner et incorporer les œufs coupés en quartiers. Réchauffer les œufs 1 à 2 minutes et servir.

Sauce béchamel

Cette sauce est une béchamel moyenne. Pour obtenir une sauce plus claire, ajouter plus de lait et pour une sauce plus épaisse, diminuer la quantité de lait.

4 c. à table	beurre ou margarine	60 ml
4 c. à table	farine tout usage	60 ml
2 tasses	lait	500 ml
	Sel et poivre au goût	

1. Fondre le beurre dans une casserole moyenne, retirer du feu et incorporer la farine à l'aide d'un fouet. Remettre sur le feu et cuire doucement jusqu'à ce que ça bouillonne.
2. Retirer la casserole du feu et incorporer graduellement le lait. Remettre sur le feu et brasser sans arrêt jusqu'à ébullition. Réduire le feu et laisser mijoter en brassant de temps à autre jusqu'à ce que la sauce soit assez épaisse.

Au micro-ondes
L'avantage de préparer une béchamel à l'aide du micro-ondes est de ne pas avoir à surveiller continuellement la sauce et de plus elle ne colle pas au fond du plat.

1. Fondre le beurre pendant une minute à intensité maximum. Ajouter le beurre et bien mélanger. Cuire pendant 1 minute à intensité maximum.
2. Incorporer le lait à l'aide d'un fouet et remettre la sauce à cuite pendant environ 5 minutes à intensité maximum. Bien brasser et cuire encore quelques minutes jusqu'à ce que la sauce soit assez épaisse. Prolonger la cuisson si nécessaire en vérifiant à toutes les deux minutes.

¤ 2 tasses

Sauce aux fèves

La sauce aux fèves est préparée avec du beurre ou du gras de grillades de lard selon les familles. Madame Francine Bouchard de Baie Saint-Paul la prépare avec un peu de gras de lard et un peu de beurre. Je la remercie pour m'avoir expliqué comment elle préparait sa sauce aux fèves. On peut utiliser au choix des fèves vertes ou des fèves jaunes.

2 tasses	fèves fraîches coupées en bouts	500 ml
2	grillades de lard gras	2
1 c. à table	beurre	15 ml
1	gros oignon tranché	1
4 c. à table	farine	60 ml
1 1/2 tasses	lait	375 ml
1 tasse	eau de cuisson des fèves	250 ml
	Sel et poivre au goût	

1. Faire bouillir les fèves dans l'eau jusqu'à ce qu'elles soient tendres. Réserver l'eau de cuisson.
2. Pendant que les fèves cuisent, placer les grillades dans un petit chaudron et couvrir d'eau froide.
3. Amener à ébullition et retirer du feu aussitôt. Égoutter et rincer les grillades à l'eau froide.
4. Dans un chaudron moyen, fondre les grillades jusqu'à ce qu'elles soient dorées et croustillantes.
5. Verser le gras de lard dans une petit bol et remettre seulement 3 c. à table [45 ml] dans la casserole. Ajouter le beurre et ensuite l'oignon et faire revenir à feu moyen en brassant pendant 5 minutes jusqu'à ce l'oignon soit jaune doré.
6. Retirer la casserole du feu et incorporer la farine à l'aide d'un fouet. Cuire à feu doux en brassant pendant une minute.

7. Retirer la casserole du feu et ajouter le lait et la tasse d'eau de cuisson des fèves. Bien mêler et remettre sur le feu. Amener à ébullition et brasser sans arrêt jusqu'à l'obtention d'une sauce de consistance moyenne. Finir la cuisson à feu doux. Ajouter les fèves à la sauce et assaisonner.

¤ 3 à 4 portions

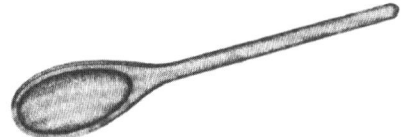

Pâté de foie

C'est madame Alma Chamberland qui m'a donné cette délicieuse recette. Pour obtenir du gras de lard doux haché, il suffit d'acheter un peu plus de bardes de lard doux et de les hacher.

1 lb	foie de volaille	500 g
1/2 lb	porc maigre haché	250 g
3/4 lb	gras de lard doux haché	375 g
2 c. à table	huile végétale	30 ml
3	oignons moyen hachés	3
2	gros œufs	2
1	gousse d'ail	1
1 c. à thé	piment de la Jamaïque	5 ml
2 c. à thé	sel	10 ml
1 c. à thé	poivre moulu	5 ml
1/2 c. à thé	thym	2 ml
3	feuilles de laurier	3
2 à 3	grandes bardes de lard doux minces pour tapisser le moule	2 à 3

1. Dans un poêlon, chauffer l'huile et y faire revenir l'oignon à feu moyen jusqu'à ce qu'il soit transparent. Mettre de côté pour refroidir.
2. Hacher le foie, le porc, le gras de lard doux et la gousse d'ail au moulin à viande.
3. Battre les œufs et les épices excepté les feuilles de laurier. Ajouter ceci aux viandes ainsi que les oignons et bien battre. On peut aussi passer le mélange au robot culinaire jusqu'à ce que l'on obtienne un mélange homogène avec des petites particules.
4. Tapisser un moule à pain de bardes de lard en laissant dépasser de chaque côté du moule. Verser la préparation à pâté dans un moule à pain, placer les feuilles de laurier sur le dessus du mélange et recouvrir de bardes de lard.

5. Placer le moule dans une grande casserole profonde. Verser de l'eau chaude dans la casserole à côté du pâté de foie pour qu'il y ait de l'eau jusqu'à la moitié du moule. Cuire pendant 2 heures à 375°F [190°C]. Placer un poids sur le pâté pendant 6 heures et refroidir lorsque le pâté est tiédi.

Cretons

1 lb	porc frais maigre haché	500 g
1 tasse	mie de pain sèche	250 ml
1	petit oignon haché finement	1
1 tasse	lait	250 ml
¼ c. à thé	clou moulu	1 ml
¼ c. à thé	cannelle moulu	1 ml
	Sel et poivre au goût	

1. Dans un chaudron moyen, mélanger tous les ingrédients et amener à ébullition à feu moyen.
2. Cuire les cretons à feu bas pendant 45 minutes en brassant de temps à autre pour éviter que la viande colle au fond de la casserole.
3. Vérifier l'assaisonnement en plaçant une petite quantité de cretons au froid avant de déguster. Assaisonner au besoin et verser dans des petits plats pour réfrigérer.

¤ 3 tasses environ

Produits Laitiers

En plus des produits mentionnés dans ce chapitre, les fromageries de la région fabriquent d'excellents cheddars doux, du moyen, du fort et de l'extra-fort. On fabrique aussi un excellent fromage suisse.

CAILLES

Les personnes âgées connaissent bien les cailles; cet ingrédient était populaire et on m'en a souvent parlé comme étant semblable au yogourt. On servait les cailles avec du sucre comme dessert ou comme vinaigrette avec de la laitue fraîche du jardin. Ce produit est fabriqué à partir de lait que l'on fait fermenter avec une culture lactique. Effectivement, le goût et la texture des cailles est semblable au yogourt. Monsieur Bellerive de la laiterie Charlevoix m'a expliqué que ce produit est fragile à manipuler. Il recommande de plonger délicatement une cuillère dans les cailles pour prendre la quantité désirée. Remuer les cailles seulement au moment de servir ou d'utiliser pour préparer une vinaigrette. A cause de sa fragilité, ce produit est disponible seulement en laiterie.

FROMAGE SLAVE OU FESSE

Le fromage fesse est du fromage cheddar qu'on coupe en morceaux juste avant de le saler et le tailler pour le transformer en fromage en grains. C'est un fromage très doux au goût, non salé que l'on déguste préférablement la journée de sa fabrication. On peut aussi le conserver plus longtemps en le marinant. Saupoudrer de sel et poivre au goût pour déguster.

FROMAGE LE MIGNERON

Ce fromage est un fromage affinée à pâte demi-ferme fait de lait pasteurisé. On peut s'en servir pour des raclettes, accompagner des sauces pour le veau ou encore l'enrober de pâte feuilletée avant de la placer au four.

Fromage fesse mariné

Couper le fromage en bâtonnets de ½ po [1cm] d'épaisseur, placer dans un pot et verser un mélange de ⅓ de vinaigre blanc pour ⅔ d'eau froide pour couvrir le fromage. Laisser reposer une demi-journée avant de déguster. Saupoudrer de sel et poivre au moment de servir.

Tomates et fromage fesse à la vinaigrette

J'aime servir cette entrée à l'été lorsque les tomates de nos jardins regorgent de saveur.

6	tranches de fromage fesse frais du jour	6
1	tomate tranchée	1
2	feuilles de laitue	2
1 c. à table	vinaigre de vin blanc	15 ml
3 c. à table	huile d'olive vierge de préférence	45 ml
	Sel et poivre	
	Une pincée de basilic séché (Ou 2 c. à thé [10 ml] de basilic frais)	

1. Placer les laitues dans deux assiettes. Déposer les tranches de tomates et le fromage en alternant sur les feuilles de laitue.
2. Mêler le vinaigre, l'huile, le sel, le poivre et le basilic dans un petit bol et bien remuer pour obtenir un mélange homogène. Arroser les tomates et le fromage juste au moment de servir.

Galettes de pommes de terre au Migneron

4		petites pommes de terre	4
1		œuf	1
3 c. à table		farine tout usage	45 ml
1 c. à thé		sel	5 ml
¼ c. à thé		poivre	1 ml
6 tranches		fromage Migneron	6
1 c. à table		beurre	15 ml
¼ tasse		huile végétale	60 ml

1. Battre l'œuf et ajouter la farine.
2. Peler et râper les pommes de terre sur le gros côté de la râpe. Placer les pommes de terre râpées dans une passoire et presser bien pour égoutter le plus de liquide possible. Ajouter les pommes de terre au mélange d'œuf, saler et poivrer et bien mêler.
3. Dans une grand poêlon de fonte de préférence, chauffer l'huile et le beurre. Lorsque le corps gras est chaud, façonner en 6 pâtés de ½ po [1 cm] d'épaisseur le mélange de pommes de terre et déposer dans le poêlon au fur et à mesure sans trop emplir le poêlon. Cuire les pâtés environ 5 minutes de chaque côté jusqu'à doré. Éponger les pâtés avec des papiers absorbants pour enlever le surplus de gras.
4. Placer les pâtés sur une tôle, couvrir de fromage et passer au gril jusqu'à ce le fromage soit fondu pas plus.

Servir accompagné de salade de laitues

Laitue aux cailles

Mêler différentes laitues au choix, garnir de fines herbes ou autres légumes si désiré et arroser de cailles brassées au préalable. Assaisonner de sel et poivre.

Vinaigrette aux cailles

Habituellement je prépare cette vinaigrette avec du lait de beurre mais elle est aussi bonne sinon meilleure préparée avec des cailles. Verser sur une salade de verdure garnie de croûtons ou de champignons au goût.

1 tasse	*mayonnaise*	*250 ml*
1 tasse	*cailles*	*250 ml*
3 c. à table	*oignon séché*	*45 ml*
1 c. à table	*persil*	*15 ml*
	Poivre au goût	

1. Mêler les ingrédients et laisser reposer environ 30 minutes avant de servir.

Cailles au sucre d'érable

Pour un dessert vite fait, saupoudrer les cailles de sucre d'érable, mélanger et déguster.

Desserts

Une des choses qui m'a le plus fasciné pendant la préparation de ce livre, a été de découvrir les succulents desserts préparés avec très peu d'ingrédients. Au fur et à mesure que j'essayais les recettes j'allais de surprise en surprise. Je n'imaginais pas qu'on pouvait obtenir une si grande variété de desserts avec si peu d'ingrédients. La majorité des desserts contenus dans ce chapitre sont faits de beurre, lait, sucre, cassonade, mélasse, œufs et farine.

La cassonade donne un goût de caramel aux pâtes à gâteau et aux glaçages. Le glaçage à pâtisserie préféré est le glaçage au sucre à le crème mou.

La mélasse est appelée sirop noir ou gros sirop et on retrouve deux types de "sirop noir" sur les tablettes des épiceries. Il y a une de ces mélasses qui est un peu plus pâle, plus douce au goût et un peu plus liquide que l'autre. Les deux produits sont classifiés mélasse de fantaisie. Certaines personnes m'ont confié utiliser la mélasse plus foncée pour préparer les desserts tandis que la plus pâle est employée pour accompagner les crêpes, galettes ou pains dorés.

On remarque une influence de la cuisine britannique dans le choix des desserts; comme chez les britanniques, les poudings vapeurs et les desserts faits à base de gruau comptent parmi les favoris.

Madame Rollande Harvey-Desbiens de Saint-Siméon m'a raconté que la préparation des pâtisseries des Fêtes fait partie des traditions dans sa famille. Jusqu'à il n'y a pas encore très longtemps, quatre à cinq mères de la famille se réunissaient dans la même cuisine pour préparer leurs "pâtisseries de Noël". Cela pouvait durer deux jours. Les recettes transmises de mère en fille depuis plusieurs générations sont encore très appréciées dans la parenté.

Pâte à tarte

C'est la recette de pâte à tarte que j'utilise habituellement. Ceux et celles qui sont davantage familiers avec leur recette personnelle préfèreront peut être l'utiliser à la place de celle-ci.

2²/₃ tasses	*farine tout usage*	*650 ml*
1 c. à thé	*sel*	*5 ml*
1 tasse	*graisse*	*250 ml*
1 tasse	*eau froide (environ)*	*250 ml*

1. Dans un bol moyen, mélanger le sel et la farine. Incorporer le gras en déposant par grosses cuillerées sur la farine. A l'aide du bout des doigts, de deux couteaux ou d'un coupe pâte, incorporer la graisse dans la farine jusqu'à ce que l'on obtienne de petites particules plus ou moins uniforme de la grosseur d'un pois.
2. Ajouter l'eau en la distribuant un peu partout sur le mélange et commencer à amalgamer en passant le travers d'une fourchette dans le mélange jusqu'à ce que des boules commencent à se former. Si le mélange contient encore beaucoup de farine à ce moment, ajouter un peu d'autre eau et continuer l'opération. Finir à faisant adhérer les boules les unes aux autres pour ne former qu'une seule boule. Ne pas trop travailler la pâte à ce moment sinon elle sera moins tendre. Envelopper dans un papier ciré et laisser reposer quelques minutes avant d'utiliser. Ne pas réfrigérer.
3. Abaisser chaque morceau de pâte à environ ¹/₄ po [0.5 cm] en retournant la pâte au moins une fois durant l'opération. Pour bien sceller les pâtes lors du montage d'un pâté, badigeonner les bords de l'abaisse avec un mélange d'œuf et 2 c. à table [30 ml] de lait avant de recouvrir avec la seconde abaisse. Badigeonner le pâté avec ce même mélange, excepté le bord, avant de mettre au four. Ne pas oublier de faire des incisions.

\# Si la pâte est réfrigérée, s'assurer qu'elle est à la température de la pièce avant d'utiliser.

¤ 3 abaisses

Tarte aux œufs

3	œufs	3
1 tasse	sucre	250 ml
1 tasse	lait	250 ml
½ c. à thé	muscade	2 ml
	Une abaisse de pâte à tarte	

1. Chauffer le four à 375°F [190°C]. Tapisser une assiette à tarte d'une abaisse.
2. Mélanger le sucre et les œufs. Ajouter le lait et la muscade et mêler délicatement. Verser ce mélange dans la croûte de tarte. Cuire pendant environ 25 minutes ou jusqu'à ce que la lame d'un couteau insérée dans le milieu de la tarte en ressorte propre. Refroidir complètement avant de servir.

Tarte au sucre

1½ tasses	cassonade	375 ml
1 c. à table	farine	15 ml
1 c. à thé	beurre	5 ml
1	œuf	1
6 onces	crème ou lait évaporé	175 ml
	Une croûte de pâte à tarte non cuite (voir index)	

1. Bien mélanger la cassonade, la farine, le beurre, l'œuf et la crème ou le lait évaporé.
2. Verser ce mélange dans la croûte de tarte non cuite.
3. Cuire la tarte pendant environ 30 minutes à 375°F [190°C] jusqu'à ce le bord de la croûte soit doré.

Tarte aux fraises fraîches

1	petit paquet de gelée aux fraises	1
2 c. à table	fécule de maïs	30 ml
2 tasses	eau froide	500 ml
1 tasse	sucre	250 ml
2	abaisses de pâte à tarte cuites	2
	Fraises fraîches	
	Crème fouettée	

1. Dans une casserole moyenne, mêler le sucre, la fécule de maïs et la poudre de gelée. Ajouter l'eau froide et amener à ébullition. Laisser mijoter 15 minutes.
2. Placer des fraises dans le fond des croûtes de tarte cuites et verser le mélange de sauce aux fraises en répartissant également sur les deux tartes. Refroidir au réfrigérateur avant de servir.
3. Servir garnie de crème fouettée si désiré.

¤ 4 à 6 portions

Tarte à Rosanna

Cette tarte est une variante de la tarte à Rosanna que l'on peut se procurer à la boulangerie Laurentide de Saint-Joseph-de-la-Rive. Monsieur Claude Tremblay m'a conté que sa tarte à Rosanna s'appelait tarte aux pets de sœurs. Il a décidé de changer son nom à cause des clients qui demandaient une tarte à Rosanna en pointant du doigt une tarte aux pets de sœurs. A cette même période, quelqu'un avait préparé une tarte semblable lors d'une émission de télévision et lui donna le nom de tarte à Rosanna. C'est ce qui explique pourquoi les clients lui donnaient ce nom.

Une croûte de tarte non cuite et une seconde abaisse pour préparer les petits rouleaux de sucre qui seront placés dans la tarte.

½ tasse	cassonade	125 ml
3 c. à table	crème	45 ml
	Beurre pour badigeonner l'abaisse qui servira à préparer les rouleaux de sucre	
	Cassonade supplémentaire	
2 c. à table	lait	30 ml

1. Mêler la demi tasse de cassonade et la crème et étendre dans le fond de l'abaisse.
2. Prendre la seconde abaisse, badigeonner généreusement de beurre et saupoudrer de cassonade pour couvrir le beurre. Rouler l'abaisse pour en faire un cylindre. Couper la cylindre en rouleaux de 1 po [2.5 cm] d'épaisseur et placer sur la préparation de sucre de façon à ce que la spirale soit exposée sur le dessus. Emplir l'abaisse avec tous les rouleaux.
3. Arroser avec le lait et cuire à 375°F [190°C] pendant 20 à 30 minutes

Tarte à la rhubarbe

1	abaisse de pâte à tarte (voir recette Pâte à tarte)	1
2	œufs	2
3 tasses	rhubarbe coupée ½ po [1 cm]	750 ml
2 tasses	sucre	500 ml
4 c. à table	farine	60 ml
1 c. à table	beurre fondu	15 ml

1. Chauffer le four 350°F [180°C]
2. Tapisser de pâte à tarte une assiette à tarte de 10 po [25 cm].
3. Mêler la farine et le sucre
4. Battre les œufs.
5. Ajouter aux œufs battus le mélange sucre et farine ainsi que le beurre fondu. Battre jusqu'à homogène seulement.
6. Incorporer la rhubarbe au mélange et verser dans la pâte à tarte.
7. Cuire environ 1 heure et 15 minutes ou jusqu'à ce que le centre de la tarte ne bouge presque plus lorsqu'un léger mouvement d'avant-arrière est donné à l'assiette.
8. Refroidir avant de servir.

Tarte-cipâte aux pommes

La façon de préparer cette tarte me fait tellement penser à la façon de préparer un cipâte que j'ai décidé d'ajouter le mot cipâte au nom de la recette. C'est une des tartes préférées de madame Irène Tremblay-Gauthier. Elle est moins sucrée qu'une tarte aux pommes conventionnelle et la pâte a un goût spécial à cause de la grande proportion d'œuf qu'elle contient. Pour obtenir un goût plus sucré, on peut saupoudrer la pâte de sucre granulé avant de la placer au four.

Sirop

½ tasse	eau	125 ml
1 tasse	sucre à glacer	250 ml
¼ tasse	beurre fondu	60 ml

Tarte

3	tasses de farine tout usage	750 ml
⅔ tasse	beurre	150 ml
½ c. à thé	sel	2 ml
2	œufs	2
½ tasse	eau froide	125 ml
7	pommes pelées	7

Sirop
1. Placer le sucre à glacer, l'eau et le beurre dans une petite casserole, brasser, amener à ébullition et retirer du feu.

Tarte
1. A l'aide d'un coupe-pâte incorporer le beurre jusqu'à ce que le mélange soit grumeleux. Battre les œufs avec le sel et l'eau et incorporer jusqu'à l'obtention d'une boule homogène pas plus. Diviser la boule en trois morceaux. Cette opération peut se faire au robot culinaire. Placer la farine dans le bol, ajouter le beurre autour du couteau et faites marcher l'appareil jusqu'à ce que la pâte soit grumeleuse. Incorporer les œufs, l'eau et le sel d'un seul coup et faites marcher l'appareil quelques secondes pour

obtenir une pâte homogène pas plus. Au besoin brasser à l'aide d'une spatule une ou deux fois au cours de l'opération.
2. Étendre le tiers de la pâte au rouleau à pâte et tapisser le fond et les côtés d'un moule de 9 x 9 x 2 po [23 x 23 x 5 cm].
3. Râper les pommes sur le gros côté de la râpe ou râper avec le robot culinaire. Étendre la moitié des pommes dans la pâte, abaisser une seconde pâte et placer sur les pommes. Percer 5 trous de 1 po [2.5 cm] et verser le tiers du sirop dans les trous. Étendre le reste des pommes sur la seconde pâte et couvrir avec la dernière pâte. Percer encore 5 trous de 1 po [2.5 cm] et verser doucement le reste du sirop dans les trous en évitant qu'il déborde sur la pâte.
4. Cuire pendant une heure à 375°F [190°C].

Pommes en cachettes sauce à l'érable

Cette recette vient de madame Marcelle Paré de La Malbaie. Madame Paré a travaillé comme cuisinière pendant plusieurs années pour une communauté de religieuses établie dans la région.

Pâte à tarte non cuite

Pommes pelées et le cœur enlevé

Sauce

1 tasse	sirop d'érable	250 ml
¼ tasse	eau	60 ml
½ c. à thé	fécule de maïs	2 ml

1. Étendre la pâte en carrés de 6 po [15 cm] de côté pour chaque pomme. Placer la pomme au milieu et badigeonner les bords de la pâte avec un œuf battu et un peu de lait. Ramener les coins au dessus de la pomme et sceller les côtés délicatement en pinçant avec les doigts.
2. Cuire les pommes sur une tôle non graissée au milieu du four à 375°F [190°C] jusqu'à ce que la pâte soit cuite.
3. Servir les pommes tiédies avec la sauce.

Sauce
1. Verser le sirop dans une petite casserole et y ajouter la fécule mélangée à l'eau. Amener à ébullition et mijoter 1 à 2 minutes. Verser sur les pommes en cachettes au moment de servir.

Beignes

2½ c. à table	beurre	37 ml
1 tasse	sucre	250 ml
3	gros œufs	3
1 tasse	lait	250 ml
3½ tasses	farine	875 ml
1 c. à thé	sel	5 ml
4 c. à thé	poudre à pâte	20 ml
	Huile végétale pour la friture	

1. Battre le beurre et le sucre. Ajouter les œufs et bien battre.
2. Mêler 2½ tasses de farine, le sel et la poudre à pâte. Ajouter au premier mélange en alternant avec le lait et bien battre jusqu'à homogène.
3. Incorporer le reste de la farine. Abaisser la pâte à ¾ po [2 cm] d'épaisseur sur une surface enfarinée en saupoudrant généreusement la pâte de farine et tailler avec un emporte-pièce pour beigne. Étendre les beignes sur une surface légèrement enfarinée en évitant qu'elle ne se touche.
4. Chauffer l'huile à 360°F [180°C] et frire quelques beignes à la fois environ 2 minutes de chaque côté jusqu'à ce qu'elles soient doré des deux côtés. Égoutter sur des papiers pour enlever l'excès d'huile. Enrober de sucre à glacer ou sucre granulé lorsqu'elles sont refroidies.

¤ 2 douzaines environ

Galettes au lait

Ces délicieuses galettes sont recouvertes d'un glaçage au sucre à la crème.

Pâte à galette

2	œufs	2
½ tasse	cassonade	125 ml
½ tasse	graisse	125 ml
1 tasse	crème 15% ou lait évaporé	250 ml
2½ tasses	farine tout usage	650 ml
¼ c. à thé	bicarbonate de soude	1 ml
1 c. à thé	poudre à pâte	5 ml
	Une pincée de sel	

Glaçage

3 c. à table	beurre	45 ml
½ tasse	cassonade	125 ml
3 c. à table	lait	45 ml
1½ tasses	sucre à glacer	375 ml

Pâte à galette
1. Chauffer le four à 375°F [190°C]. Battre la graisse et la cassonade jusqu'à homogène. Ajouter les œufs et bien battre.
2. Mêler les ingrédients secs et ajouter au premier mélange en alternant avec la crème ou le lait évaporé.
3. Étendre une partie de la pâte à la fois sur une surface généreusement enfarinée. Saupoudrer généreusement de farine et rouler la pâte à ½ po [1 cm] d'épaisseur. Tailler en rondelles et déposer délicatement sur une tôle à l'aide d'une spatule de métal. Cuire au milieu du four pendant 12 minutes. Refroidir 1 ou 2 minutes et retirer de la tôle pour les refroidir. Glacer les galettes lorsqu'elles sont à la température de la pièce.

Glaçage
1. Fondre à feu doux le beurre, la cassonade et le lait. Ajouter

le sucre à glacer et bien mêler jusqu'à ce que le glaçage soit onctueux. Glacer les galettes et remiser celles-ci dans un contenant hermétique.

Galettes sucrées aux patates

Madame Pierrette Dufour-Tremblay de Petite Rivière Saint-François qui m'a transmise la recette de ces galettes avait raison de dire qu'elles étaient faciles à préparer et délicieuses. Pour éviter que le dessous des galettes ne noircissent trop vite, il faut faire cuire une seule tôle à la fois.

$^2/_3$ tasse	pommes de terre purée	150 ml
$^1/_2$ tasse	huile végétale	125 ml
1	gros œuf	1
1 c. à thé	vanille	5 ml
$^3/_4$	tasse de sucre	175 ml
2 tasses	farine tout usage	500 ml
4 c. à thé	poudre à pâte	20 ml

1. Chauffer le four à 375°F [190°C].
2. Mettre les pommes de terre dans un grand bol, incorporer l'huile et l'œuf et bien battre. Incorporer le sucre et la vanille.
3. Mêler la farine et la poudre à pâte et incorporer au premier mélange jusqu'à homogène pas plus.
4. Déposer la pâte par cuillerée à table (1$^1/_2$ po [4 cm] de diamètre) sur une tôle non graissée et cuire au milieu du four pendant 12 minutes environ. Les galettes seront brunes au dessous et légèrement dorées sur le dessus. Réduire le temps de cuisson si elles brunissent trop vite.

¤ 2 douzaines environ

Galettes au sirop

On dit galettes au sirop parce qu'un des ingrédients principal utilisé dans la recette est la mélasse qu'on connaissait sous le nom de sirop noir ou gros sirop.

¾ tasse	graisse	175 ml
½ tasse	sucre	125 ml
1	œuf battu	1
½ tasse	mélasse	125 ml
2 c. à thé	bicarbonate de soude	10 ml
3 c. à table	eau	45 ml
2½ tasses	farine	625 ml
½ c. à thé	sel	2 ml
½ c. à thé	vanille	2 ml

1. Chauffer le four à 375°F [190°C]. Mêler la mélasse, le bicarbonate de soude et l'eau et mettre de côté.
2. Battre la graisse et le sucre jusqu'à homogène. Ajouter l'œuf et bien battre.
3. Incorporer le mélange de mélasse à la préparation.
4. Incorporer la farine et le sel et finir avec la vanille.
5. Rouler sur une surface généreusement enfarinée à ½ po [1 cm] d'épaisseur et tailler en rondelles de 3 po [8 cm] de diamètre. Déposer sur une tôle et cuire au milieu du four pendant 10 à 12 minutes. Retirer les galettes de la tôle et refroidir sur des grilles avant de remiser dans un contenant hermétique.

Galettes aux raisins

C'est mon amie Monique Maguire de Saint-Irénée qui m'a fait goûter à ces galettes. Elles sont semblables aux galettes à la mélasse avec un goût plus doux.

1 1/2 tasses	raisins secs	375 ml
1 tasse	eau	250 ml
1 tasse	huile végétale	250 ml
1 1/2 tasses	cassonade	375 ml
3	œufs	3
4 tasses	farine tout usage	1 L
2 c. à thé	poudre à pâte	10 ml
1 c. à thé	bicarbonate de soude	5 ml
1/2 c. à thé	sel	2 ml
2 c. à thé	cannelle	10 ml

1. Faire mijoter les raisins dans la tasse d'eau pendant quelques minutes. Conserver l'eau de cuisson des raisins.
2. Dans un grand bol, mélanger l'eau de cuisson des raisins, l'huile, le sucre, les œufs et les raisins refroidis.
3. Mêler la farine, la poudre à pâte, le bicarbonate de soude, le sel et la cannelle et incorporer au premier mélange.
4. Déposer par cuillerée à table sur une tôle graissée et cuire à 350°F [180°C] pendant 10 à 15 minutes au milieu du four. Une fois refroidies, remiser dans un contenant hermétique.

Jam jam

Madame Rollande Harvey-Desbiens m'a confié que cette recette est une très vieille recette qui n'a pas perdu de popularité dans sa famille. Cette recette donne une bonne quantité de tartelettes. On peut congeler une partie des tartelettes cuites ou encore si vous préférez, diviser la recette en deux.

1 tasse	graisse fondue	250 ml
2 tasses	cassonade	500 ml
2	œufs	2
7 tasses	farine tout usage	$1^3/_4$ L
2 c. à thé	poudre à pâte	10 ml
1 tasse	lait	250 ml
¼ tasse	eau bouillante	60 ml
1 c. à thé	bicarbonate de soude	5 ml
	Crème fouettée pour garnir	
	Caramel de lait condensé pour glacer	

1. Chauffer le four à 350°F [180°C]. Dans un grand bol, incorporer la cassonade à la graisse fondue. Ajouter les œufs et bien battre.
2. Mêler la farine et la poudre à pâte. Dissoudre le bicarbonate de soude dans l'eau bouillante et ajouter au lait.
3. Incorporer les ingrédients secs au premier mélange en alternant avec les ingrédients liquides jusqu'à ce que la pâte soit homogène.
4. Rouler une partie de la pâte sur une surface enfarinée jusqu'à une épaisseur de ⅛ po [0.3 cm]. Tailler en rondelles pour convenir à la grandeur de vos moules pour tartelettes et tapisser les moules. Piquer chaque tartelette à la fourchette et cuire au milieu du four pendant 15 minutes. Démouler et refroidir sur des grilles.
5. Pour préparer le caramel, placer une boite de lait condensé dans une casserole, recouvrir la boite d'eau, amener à

ébullition et faire bouillir à feu moyen pendant deux heures sans ouvrir la boîte. Retirer la boîte de la casserole et laisser refroidir complètement avant d'ouvrir. Ce caramel se conserve au réfrigérateur pendant 2 semaines dans un contenant de plastique hermétique.
6. Au moment de servir, remplir chaque tartelette de crème fouettée et déposer 1 c. à thé [5 ml] de caramel sur la crème fouettée.

Feuillantines

1 tasse	graisse	250 ml
1 tasse	cassonade	250 ml
2 c. à table	mélasse	30 ml
1 c. à thé	bicarbonate de soude	5 ml
½ tasse	eau bouillante	125 ml
2½ tasses	farine	625 ml
1 c. à thé	poudre à pâte	5 ml
	Une pincée de sel	
	Glaçage au sucre à la crème (voir galettes au lait)	

1. Chauffer le four à 375°F [190°C]. Battre la graisse et y incorporer la cassonade.
2. Mêler le bicarbonate de soude et l'eau bouillante et ajouter à la mélasse. Incorporer ceci au premier mélange.
3. Mêler la farine, la poudre à pâte et le sel et incorporer au mélange jusqu'à ce que la pâte soit homogène.
4. Rouler à ⅛ po [0.3 cm] d'épaisseur environ et tailler en rondelles à l'emporte-pièce. Déposer sur une tôle à biscuit et cuire au milieu du four pendant 8 à 10 minutes.
5. Refroidir complètement et joindre deux biscuits en garnissant le centre de glaçage au sucre à la crème.

Galettes au gruau et raisins

1 tasse	raisins secs	250 ml
1 tasse	eau	250 ml
¾ tasse	graisse	175 ml
¾ tasse	cassonade	175 ml
¾ tasse	sucre	175 ml
2	œufs	2
1 c. à thé	vanille	5 ml
2½ tasses	farine tout usage	625 ml
1 c. à thé	bicarbonate de soude	5 ml
3 tasses	gruau	750 ml

1. Placer les raisins et l'eau dans une petite casserole et faire mijoter pendant 15 minutes. Égoutter les raisins et ajouter assez d'eau au liquide des raisins pour faire ½ tasse [125 ml].
2. Chauffer le four à 400°F [200°C]. Défaire la graisse en crème et ajouter graduellement le sucre et la cassonade. Incorporer les œufs et ensuite le liquide des raisins. Aromatiser avec la vanille.
3. Mêler la farine et le bicarbonate de soude et incorporer au mélange. Ajouter le gruau et les raisins et battre jusqu'à homogène pas plus.
4. Déposer par grosses cuillerées à thé de sur des tôles graissées et faire cuire une tôle à la fois au milieu du four pendant 8 à 10 minutes ou jusqu'à ce que la galette soit légèrement dorée.
5. Refroidir, retirer les galettes des tôles et remiser dans des contenants hermétiques; ainsi les galettes resteront tendres.

Pouding chômeur

2 c. à table	beurre	30 ml
1	œuf bien battu	1
¼	tasse de sucre blanc	60 ml
¾	tasse de farine	175 ml
¼	tasse de lait	60 ml
1 c. à thé	poudre à pâte	5 ml

Sirop

¾ tasse	cassonade	175 ml
¾ tasse	eau	175 ml

1. Dans un bol, battre le beurre et le sucre. Ajouter l'œuf et battre jusqu'à homogène.
2. Mêler la farine et la poudre à pâte et ajouter au premier mélange en alternant avec le lait.
3. Verser la pâte dans un moule assez profond de 6 x 6 po [15 x 15 cm]. Verser ensuite le sirop sur la pâte.
4. Cuire à 375°F [190°C] pendant environ 20 à 25 minutes ou jusqu'à ce qu'un cure-dents inséré dans le milieu du pouding ressorte propre.

Sirop
1. Dans un petit chaudron, amener la cassonade et l'eau à ébullition.

¤ 4 portions

Pouding aux pommes

Cette recette est une vieille recette de famille que madame Thérèse Gauthier de Saint-Irénée prépare à tous les ans durant la saison des pommes. Madame Gauthier dit qu'elle remplace quelquefois le sucre blanc par du sucre d'érable.

3 tasses	pommes pelées et hachées finement	750 ml
1 tasse	sucre blanc	250 ml
6 c. à table	beurre mou	75 ml
1	œuf	1
1 tasse	farine tout usage	250 ml
1 c. à thé	bicarbonate de soude	5 ml
1/8 c. à thé	cannelle	0.5 ml
1/8 c. à thé	muscade	0.5 ml
1/3 tasse	noix hachées	75 ml

1. Dans un bol moyen, battre le beurre et le sucre. Ajouter l'œuf et bien battre jusqu'à homogène.
2. Mêler ensemble les ingrédients secs et ajouter au premier mélange. Battre jusqu'à homogène pas plus.
3. Incorporer les pommes et les noix et étendre la pâte dans un moule carré de 9 x 9 po [23 x 23 cm]. Cuire au milieu du four de 30 à 45 minutes à 350°F [180°C] jusqu'à ce qu'un cure-dents inséré dans la pâte en ressorte propre. Refroidir avant de couper en carrés. Remiser dans un contenant hermétique.

Croustillant aux pommes

4 tasses	pommes pelées et tranchées	1 L
¼ tasse	sucre	60 ml
1 c. à table	farine	15 ml
	Une pincée de cannelle	
¾ tasse	gruau	175 ml
⅓ tasse	farine	75 ml
⅓ tasse	cassonade	75 ml
⅓ tasse	beurre ou margarine	75 ml

1. Chauffer le four à 350°F [180°C]. Ajouter le sucre, la cannelle et la cuillerée à table [15 ml] de farine aux pommes et placer dans une casserole beurrée.
2. Dans un bol, mêler le gruau, la farine et la cassonade. Incorporer le beurre avec un coupe-pâte ou en travaillant avec les doigts. Étendre ce mélange sur les pommes et cuire pendant 30 minutes jusqu'à ce que le mélange soit doré.

¤ 6 portions

Pouding au citron

Madame Fernande Bergeron de Saint-Fidèle prépare régulièrement ce pouding. Le pouding qui a une texture homogène lorsqu'il est mis au four, se transforme en sauce au fond du bol et en pâte à gâteau sur le dessus. J'ai trouvé une recette identique à celle-ci dans un livre de cuisine traditionnelle irlandaise. Cette recette est probablement arrivé au Québec au temps où il y avait beaucoup d'irlandais qui immigraient ici.

½ tasse	farine tout usage	125 ml
½ c. à thé	poudre à pâte	2 ml
1 tasse	sucre	250 ml
	Le jus de 2 citrons	
1½ tasses	lait	375 ml
	Une pincée de sel	
3	blancs d'œuf battus en neige	3
2 c. à thé	beurre	10 ml

1. Mélanger la farine, le sucre, le jus de citron, les jaunes et le lait.
2. Battre les blancs d'œuf avec le sel jusqu'à ce qu'ils soient fermes.
3. Incorporer le premier mélange dans les blancs à l'aide d'une spatule.
4. Verser la pâte dans un plat de verre moyen beurré avec les 2 c. à thé [10 ml] de beurre et placer celui-ci dans une autre casserole qui contient de l'eau chaude jusqu'à la moitié du moule de pouding. Cuire pendant environ 30 minutes dans un four de 375°F [190°C] jusqu'à ce qu'un cure-dents inséré dans le pouding en ressorte propre.

Pouding à la reine

Ce pouding, semblable au pouding au pain, est plus crémeux du fait qu'il contient moins de pain que la plupart des recettes de pouding au pain que nous connaissons habituellement. Il est délicieux avec ou sans sirop d'érable.

4 tasses	pain rassis	1 L
3 tasses	lait	750 ml
3	gros œufs	3
³/₄ tasse	sucre	175 ml
1 c. à thé	zeste de citron	5 ml

1. Déposer le pain déchiqueté dans un plat rectangulaire de 7 x 11 po [18 x 28 cm].
2. Dans un grand bol, battre les œufs, le lait, le sucre et le zeste de citron. Verser sur le pain déchiqueté et bien mélanger.
3. Cuire le pouding pendant environ 1 heure à 350°F [180°C] jusqu'à ce que le milieu du pouding soit cuit. On peut vérifier la cuisson en insérant un couteau au milieu du pouding. La lame du couteau doit ressortir presque complètement propre.

Pouding vapeur

Les poudings vapeurs sont très populaires dans Charlevoix. Ils sont un bon exemple de l'influence de la cuisine anglaise sur les plats de la région. Dès les débuts du développement de la région, les Anglais sont présents en assez grand nombre. On prépare plusieurs sortes de pouding vapeur dans la région tel que poudings au chocolat, au sirop, blanc et parfois même des poudings chômeurs cuits à la vapeur. C'était pratique de préparer des poudings vapeurs puisqu'en faisant cuire le pouding sur le dessus du poêle à bois, il n'était pas nécessaire de faire chauffer le four. La recette de pouding vapeur qui suit porte souvent le nom de pouding crisco.

2 c. à table	*graisse*	*30 ml*
2 c. à table	*sucre*	*30 ml*
1	*œuf*	*1*
½ tasse	*mélasse*	*125 ml*
1 c. à thé	*bicarbonate de soude*	*5 ml*
2 tasses	*farine*	*500 ml*
1 c. à thé	*poudre à pâte*	*5 ml*
1 c. à thé	*sel*	*5 ml*
½ tasse	*eau bouillante*	*125 ml*
Glaçage		
1	*œuf*	*1*
½ tasse	*sucre*	*125 ml*
1 tasse	*crème 35%*	*250 ml*

1. Battre la graisse et le sucre. Ajouter l'œuf et bien battre.
2. Incorporer la mélasse.
3. Mêler les ingrédients secs et ajouter au premier mélange en alternant avec l'eau bouillante. Battre jusqu'à homogène et sans grumeaux pas plus. Verser la pâte dans un moule de une pinte [1 litre]. Le moule doit avoir un couvercle qui ferme hermétiquement. Placer le moule sur une grille dans un grand chaudron et mettre assez d'eau dans le chaudron

pour que le niveau soit au moins au tiers du moule à pouding.
4. Amener à ébullition et baisser le feu pour garder une vapeur constante dans la casserole. Cuire le pouding pendant 45 à 60 minutes ou jusqu'à ce qu'un cure-dents inséré au milieu du pouding en ressorte propre. Servir avec le glaçage qui suit.

Glaçage
1. Battre l'œuf et le sucre au batteur électrique jusqu'à mousseux. Ajouter la crème et continuer de battre jusqu'à consistance un peu plus molle qu'une crème fouettée. Garnir les portions de pouding vapeur au moment de servir.

Carrés aux noix

¼ tasse	beurre	60 ml
½ tasse	sucre	125 ml
1	gros œuf	1
1½ tasses	farine tout usage	375 ml
½ c. à thé	sel	2 ml
1 c. à thé	poudre à pâte	5 ml
½ tasse	lait	125 ml
1 c. à thé	vanille	5 ml

Garniture du centre

1½ c. à table	beurre	22 ml
1½ c. à table	farine	22 ml
½ tasse	cassonade	125 ml
½ tasse	noix haché	125 ml

Glaçage au sucre à la crème

    Voir "Galette au lait"

1. Chauffer le four à 350°F [180°C]. Battre le beurre et le sucre jusqu'à homogène.
2. Incorporer l'œuf et la vanille et bien battre.
3. Mêler la farine, le sel et la poudre à pâte et ajouter au premier mélange en alternant avec le lait. Battre jusqu'à homogène pas plus.
4. Pour préparer la garniture, mélanger la cassonade et la farine et incorporer le beurre à l'aide du deux couteaux ou d'un mélangeur de pâte à tarte. Ajouter les noix. Cette opération peut être faite au robot.
5. Graisser un moule carré de 8 po [20 cm] de côté. Étendre à la cuillère environ la moitié de la pâte. Recouvrir de la garniture et ajouter le reste de la pâte en l'étendant avec le dos d'une cuillère. Il se peut qu'il ne soit pas possible de couvrir toute la garniture. Ceci n'affecte en rien la réussite de la recette.

6. Cuire au milieu du four pendant 30 minutes jusqu'à ce qu'un cure-dents inséré au centre en ressorte propre.
7. Une fois refroidi, glacer avec le glaçage au sucre à la crème, couper en carrés et remiser dans une boîte hermétique.

Pouding au riz

Ce pouding est meilleur s'il a reposé au réfrigérateur pendant une journée. On peut ajouter des raisins secs au goût vers la fin de la cuisson.

¾ *tasse*	*riz*	*175 ml*
	Une pincée de sel	
2½ tasses	*eau*	*625 ml*
2½ tasses	*lait chaud*	*625 ml*
1 c. à table	*fécule de maïs*	*15 ml*
	Sucre d'érable râpé ou sirop d'érable	

1. Placer le riz, le sel et l'eau dans une grande casserole. Amener à ébullition et mijoter 20 minutes. Il ne restera presque plus d'eau dans le riz.
2. Ajouter le lait au riz et mijoter encore 20 minutes à feu très doux.
3. Mêler la fécule de maïs avec une petite quantité d'eau froide et ajouter au mélange en brassant sans arrêt. Cuire une minute pas plus. Verser le pouding dans de petits bols et réfrigérer. Au moment de servir, saupoudrer de sucre d'érable granulé ou de sirop d'érable.

¤ 6 portions

Carrés aux bleuets

C'est au mois d'août qu'on fait la cueillette des bleuets sauvages dans la région. On les retrouve en forêt, aux abords des fermes et dans les champs laissés à l'abandon.

1 1/3 tasses	chapelure de biscuits graham	325 ml
2 c. à table	sucre	30 ml
1/3 tasse	beurre fondu	75 ml
2 1/2 tasses	bleuets frais ou congelés	650 ml
1/2 tasse	sucre	125 ml
2 c. à table	fécule de maïs	30 ml
2 c. à table	eau froide	30 ml
1 tasse	crème 35%	250 ml
2 c. à table	sucre à glacer	30 ml

1. Mêler la chapelure de biscuits et le sucre dans un bol. Ajouter le beurre fondu et brasser jusqu'à homogène. Étendre ce mélange dans une casserole carré de 9 x 9 po [23 x 23 cm] et presser avec la paume de la main.
2. Dans un chaudron moyen, déposer les bleuets, la demi tasse de sucre et l'eau délayé avec la fécule de maïs. Amener à ébullition et cuire en brassant jusqu'à ce que le mélange soit très épais. Refroidir à la température de la pièce et étendre dans le moule sur le mélange de biscuits. Réfrigérer.
3. Une fois le mélange refroidi, fouetter la crème et ajouter le sucre à glacer. Étendre sur la préparation de bleuets et refroidir complètement avant de servir.

Cachette à la rhubarbe

Cette pâtisserie est un gâteau renversé à la rhubarbe. Madame Irène Tremblay de Saint-Irénée m'a raconté que le mot cachette est utilisé pour désigner les types de gâteaux qui cachent des fruits en dessous de la pâte. C'est la première fois que j'entendais ce joli mot que je trouve tout à fait juste pour désigner ce type de dessert.

2 c. à table	beurre	30 ml
¾ tasse	cassonade	175 ml
4 tasses	rhubarbe tranchés	1 L
¼ tasse	beurre	60 ml
⅔ tasse	sucre blanc	150 ml
1	gros œuf	1
1¾ tasses	farine à pâtisserie	425 ml
3 c. à thé	poudre à pâte	15 ml
½ c. à thé	sel	2 ml
½ tasse	lait	125 ml

1. Chauffer le four à 350°F [180°C] et faire fondre le beurre et la cassonade dans une casserole carré d'environ 9 po [23 cm] pour faire cuire le gâteau. Ajouter la rhubarbe et bien l'enrober du mélange de cassonade.
2. Pour la pâte à gâteau, battre le beurre et le sucre blanc jusqu'à léger et homogène. Ajouter l'œuf et bien battre.
3. Mêler la farine, la poudre à pâte et le sel et tamiser. Ajouter à la préparation à gâteau en alternant avec le lait. Battre jusqu'à homogène pas plus. Étendre la pâte sur la rhubarbe et faire cuire pendant environ une heure à 350°F [180°C] ou jusqu'à ce qu'un cure-dents inséré dans le milieu de la pâte en ressorte propre. Laisser reposer 20 minutes avant de renverser sur un plateau.

Carrés aux dattes

Une pâtisserie moelleuse recouverte de meringue à la cassonade.

1½ tasse	dattes hachées	375 ml
1½ tasses	eau	375 ml
¾ tasse	beurre	175 ml
¾ tasse	sucre	175 ml
3	œufs les blancs séparés des jaunes	3
2 tasses	farine	500 ml
1½ c. à thé	poudre à pâte	7 ml
½ c. à thé	sel	2 ml
1 c. à thé	vanille	5 ml
½ tasse	cassonade	125 ml
	Une pincée de sel	

1. Chauffer le four à 350°F [180°C]. Placer les dattes et l'eau dans une casserole. Amener à ébullition et mijoter environ 10 minutes en brassant de temps à autre jusqu'à ce que le mélange ressemble à une sauce épaisse. Laisser refroidir pendant l'exécution du reste de la préparation.
2. Dans un robot ou à l'aide d'un batteur électrique, battre le beurre et le sucre. Ajouter les jaunes d'œuf et la vanille et mélanger jusqu'à homogène.
3. Mêler la farine, la poudre à pâte et le sel et ajouter au premier mélange pour obtenir une texture grumeleuse. Prendre la moitié de ce mélange et presser avec les doigts dans le fond d'un moule carré de 9 po [23 cm]. Étendre la préparation de dattes tiédies et recouvrir du reste du mélange grumeleux. Presser délicatement avec les mains pour faire adhérer au mélange de dattes.
4. Préparer une meringue en battant les blancs d'œufs avec la pincée de sel jusqu'à ce que les blancs soient mousseux sans être trop fermes. Ajouter la cassonade graduellement et continuer de battre jusqu'à ce que la meringue forme des pics qui gardent leurs formes. Étendre cette meringue

sur la préparation de carré aux dattes et cuire au milieu du four pendant 45 minutes.
5. Refroidir complètement avant de couper en carrés.

¤ 8 portions

Gâteau blanc

Ce gâteau aussi appelé gâteau 1 2 3 4 est populaire partout au Québec comme dans Charlevoix.

1 tasse	beurre ramolli	250 ml
2 tasses	sucre	500 ml
4	gros œufs	4
1 c. à thé	vanille	5 ml
3 tasses	farine à gâteau et pâtisserie	725 ml
3 c. à thé	poudre à pâte	15 ml
½ c. à thé	sel	2 ml
1 tasse	lait	250 ml

1. Graisser 3 moules ronds ou 2 moules et quelques petits moules à muffin et tapisser le fond des grands moules de papier ciré.
2. Tamiser la farine avant de mesurer. Mesurer la farine, la poudre à pâte et le sel et mettre de côté.
3. Battre le beurre et le sucre pendant 10 minutes. Ajouter les œufs un à la fois et bien battre entre chaque addition.
4. Ajouter les ingrédients secs en alternant avec le lait. Finir avec les ingrédients secs et brasser jusqu'à homogène pas plus.
5. Verser la pâte dans les moules et cuire à 350°F [180°C] pendant 30 à 35 minutes et 20 minutes environ pour les petits gâteaux jusqu'à ce qu'un cure-dents inséré dans le centre du gâteau en ressorte propre. Refroidir sur des grilles.

Délice aux fraises

Ce délice aux fraises de madame Rose Asselin a une texture onctueuse et rafraîchissante. La sauce aux fraises s'imbibe dans le mélange de biscuits graham et renforce la saveur de fraise de ce dessert. Pour les jours de fêtes, décorer le dessus avec des fraises fraîches dont vous garderez les queues.

1³/₄ tasses	chapelure de biscuit graham	325 ml
¹/₄ tasse	beurre	60 ml
2 tasses	fraises congelées dégelées	500 ml
	Un petit paquet de jello aux fraises	
1 tasse	sucre	250 ml
1¹/₂ tasses	crème à fouetter	375 ml
3 c. à table	sucre à glacer	75 ml

1. Chauffer le four à 350°F [180°C]. Fondre le beurre et ajouter à la chapelure. Bien mêler et étendre presque toute la préparation, en réservant une partie pour décorer le dessus, dans un moule rond de 10 po [25 cm] de diamètre ou rectangulaire de 7¹/₂ x 11 po [19 x 28 cm]. Mettre au four 10 minutes et refroidir.
2. Dans une casserole moyenne, placer la poudre pour gelée et le sucre et bien mélanger. Ajouter graduellement le jus des fraises. Incorporer les fraises et amener à ébullition. Lorsque le mélange est en pleine ébullition, retirer du feu et refroidir à la température de la pièce en brassant de temps à autre.
3. Verser le mélange de fraises sur la préparation de biscuits et étendre délicatement.
4. Fouetter la crème et ajouter le sucre à glacer. Étendre sur les fraises et saupoudrer avec le reste du mélange de chapelure. Refroidir 4 heures avant de servir.

Gâteau à la cassonade

2 c. à table	beurre	30 ml
1 tasse	cassonade	250 ml
2	œufs	2
1 1/2 tasses	farine tout usage	375 ml
3 c. à thé	poudre à pâte	15 ml
3/4 tasse	lait	175 ml
1/2 c. à thé	vanille	2 ml
Glaçage		
2	blancs d'œuf	2
	Une pincée de sel	
1/2 tasse	cassonade	125 ml
1/4 c. à thé	bicarbonate de soude	1 ml
1/2 c. à thé	vanille	2 ml

1. Battre le beurre et la cassonade. Ajouter les œufs un à la fois et battre jusqu'à homogène.
2. Mêler la farine et la poudre à pâte et incorporer au premier mélange en alternant avec le lait. Brasser jusqu'à homogène pas plus.
3. Verser la pâte à gâteau dans un moule carré beurré et cuire pendant 30 à 45 minutes à 375°F [190°C] jusqu'à ce qu'un cure-dents inséré au centre en ressorte propre.
4. Étendre le glaçage sur le gâteau et remettre le gâteau dans le four pour 5 minutes.

Glaçage
1. Vers la fin de la cuisson du gâteau, battre les blancs d'œufs avec une pincée de sel jusqu'à ce qu'ils soient mousseux et presque fermes, incorporer la cassonade et le bicarbonate de soude en continuant de battre.

Gâteau au gruau d'avoine

¼ tasse	beurre	60 ml
½ tasse	sucre	125 ml
½ tasse	cassonade	125 ml
1	œuf	1
½ tasse	gruau à cuisson rapide	125 ml
⅔ tasse	farine	150 ml
½ c. à thé	bicarbonate de soude	2 ml
¼ c. à thé	sel	1 ml
½ c. à thé	cannelle moulue	2 ml
⅔ tasse	eau bouillante	150 ml

Glace au beurre brun

3 c. à table	beurre	45 ml
1½ tasses	sucre à glacer	375 ml
½ c. à thé	vanille	2 ml
2 c. à table	crème à 15 ou 35%	30 ml

1. Battre le beurre et incorporer le sucre et la cassonade. Ajouter l'œuf et ensuite le gruau.
2. Mêler la farine, le bicarbonate de soude, le sel et la cannelle. Ajouter à la première préparation en alternant avec l'eau bouillante. Battre jusqu'à homogène pas plus et verser dans un moule à pain. Cuire pendant 25 à 30 minutes à 350°F [180°C] jusqu'à ce qu'un cure-dents inséré dans la pâte en ressorte propre. Glacer avec la glace au beurre brun.

Glace au beurre brun
1. Dans une petite casserole chauffer le beurre doucement jusqu'à brun doré.
2. Incorporer le sucre à glacer, la vanille et la crème et brasser jusqu'à homogène.

Gâteau à la salade de fruits

A Saint-Siméon ce gâteau s'appelle Gâteau Monsieur. Plutôt que de répandre la sauce sur le gâteau lorsque celui-ci est cuit, la sauce est servie à part comme cela se fait aussi en Gaspésie.

2 tasses	farine	500 ml
1 1/2 tasses	sucre	375 ml
1 c. à thé	sel	5 ml
2 c. à thé	bicarbonate de soude	10 ml
1	gros œuf battu	1
1	boîte de 14 onces [398 ml] de salade de fruits	1
1 c. à thé	vanille	

Sauce d'accompagnement

1/2 tasse	beurre	125 ml
2 tasses	sucre	500 ml
2	petites boîte de lait évaporé	2

1. Mêler la farine, le sucre, le sel et le bicarbonate de soude dans un bol.
2. Dans un autre bol, bien mélanger l'œuf battu, la vanille et la salade de fruits. Ajouter graduellement les ingrédients secs jusqu'à ce que le mélange soit homogène. Verser dans un moule de 9 x 13 po [23 x 33 cm] et cuire pendant une heure à 350°F [180°C] ou jusqu'à ce qu'un cure-dents inséré au centre du gâteau en ressorte propre.

Sauce d'accompagnement
1. Dans une petite casserole, amener à ébullition tous les ingrédients et mijoter pendant 15 minutes à feu doux en brassant de temps à autre. Refroidir. Verser la sauce sur chaque portion au moment de servir.

Gâteau Louise

Ce gâteau de madame Alma Chamberland est délicieux et d'une texture inhabituelle. C'est le genre de gâteau qu'on aime à déguster avec un thé ou un café.

½ tasse	beurre	125 ml
1½ tasses	sucre	375 ml
1 tasse	lait	250 ml
3	gros œufs	3
1 c. à thé	vanille	5 ml
2½ tasses	farine tout usage	625 ml
3 c. à thé	poudre à pâte	15 ml
	Une pincée de sel	
½ tasse	raisins sultana	125 ml
½ tasse	raisins de corinthes	125 ml
½ tasse	amandes émincées	125 ml
Glaçage		
2 c. à table	beurre fondu	30 ml
1 tasse	sucre à glacer	250 ml
3 à 4 c. à table	eau	45 à 60 ml
½ c. à thé	vanille	2 ml

1. Séparer les blancs et les jaunes d'œuf. Graisser un moule à ressort de 9 po [23 cm] de diamètre ou un moule rectangulaire de 9 x 13 po [23 x 33 cm]. Dans une grand bol, battre le beurre qui est à la température de la pièce et le sucre. Ajouter les jaunes d'œuf et la vanille et bien battre.
2. Tamiser 2 tasses de farine, la poudre à pâte et le sel. Ajouter au premier mélange en alternant avec le lait et bien brasser jusqu'à homogène pas plus.
3. Mêler les fruits et les noix avec le reste de la farine et incorporer à la pâte à gâteau.

4. Dans un bol propre et avec les batteurs propres, battre les blancs d'œuf en neige auquel on a ajouté la pincée de sel. Incorporer les blancs d'œufs battus à la préparation de gâteau en pliant délicatement dans la pâte à l'aide d'une spatule. Verser dans le moule et cuire pendant environ 1 heure 15 minutes à une heure 30 minutes à 350°F [180°C] jusqu'à ce qu'un cure-dents inséré au milieu du gâteau en ressorte propre. Refroidir complètement avant de démouler.

Glaçage
1. Préparer le glaçage lorsque le gâteau est complètement refroidi. Fondre le beurre, ajouter le sucre à glacer et la vanille. Commencer à mêler et ajouter l'eau graduellement pour former un glaçage passablement clair. Étendre sur le gâteau et décorer de raisins si désiré.

Gâteau à l'orange

C'est le gâteau à l'orange préféré de madame Réjeanne Girard. Sa texture est moelleuse et son goût délicat.

4	œufs séparés	4
1 1/2 tasses	sucre	375 ml
1/2 tasse	huile végétale	125 ml
1 tasse	jus d'orange	250 ml
2 tasses	farine	500 ml
1/4 c. à thé	sel	1 ml
1 c. à thé	essence de vanille	5 ml
3 c. à thé	poudre à pâte	15 ml

1. Chauffer le four à 350°F [180°C]. Dans un grand bol, mêler les jaunes, le sucre et l'huile. Ajouter le reste des ingrédients excepté les blancs d'œufs.
2. Battre les blancs d'œuf en neige en ajoutant une pincée de sel avant de commencer à battre et incorporer au premier mélange en pliant dans la pâte à l'aide d'une spatule. Verser dans un moule rectangulaire de 9 x 13 po [23 x 33 cm] et cuire pendant environ une heure et 10 minutes ou jusqu'à ce qu'un cure-dents inséré au centre en ressorte propre.
3. Glacer avec un glaçage blanc aromatisé de zeste d'orange frais.

Plum pouding de Noël

Le plum pouding sera apprécié par ceux qui aiment les gâteaux aux fruits à pâte brune. C'est madame Alice T. Morin qui m'a expliqué comment le faire. Le plum pouding est un dessert hérité des traditions britanniques. On en retrouve plusieurs versions dans tous les livres de cuisine d'Irlande, d'Écosse et d'Angleterre.

1 tasse	*mie de pain*	*250 ml*
1 tasse	*farine*	*250 ml*
1 tasse	*cassonade*	*250 ml*
½ tasse	*beurre*	*125 ml*
½ tasse	*raisins sultana*	*125 ml*
½ tasse	*citrons confits*	*125 ml*
2 c. à thé	*poudre à pâte*	*10 ml*
1 c. à thé	*piment de la Jamaïque moulu*	*5 ml*
3	*œufs*	*3*
1 tasse	*lait*	*250 ml*
½ tasse	*noix haché*	*125 ml*
1 tasse	*raisins de Corinthe*	*250 ml*
Glaçage		
1 tasse	*sirop d'érable*	*250 ml*
2	*blancs d'œuf battus en neige*	*2*

1. Battre le beurre et y ajouter la cassonade. Incorporer les œufs.
2. Mêler la farine, la mie de pain, la poudre à pâte et les épices. Ajouter au premier mélange en alternant avec le lait.
3. Incorporer les fruits et les noix.
4. Placer dans un moule rond de 8 tasses [2 litres]. Couvrir d'un papier ciré, attacher avec une corde et recouvrir avec un papier aluminium. Placer dans un grand chaudron et mettre de l'eau chaude au ⅔ du moule. Amener à ébullition couvrir et mijoter à feu très doux pendant 4 heures. Retirer de la casserole et refroidir complètement avant de démouler.

Glaçage
1. Une fois que le pouding est cuit, amener à ébullition le sirop et verser sur le pouding. A l'aide d'une cuillère recouvrir le pouding des blancs d'œuf battus et mettre le pouding au four à 400°F [200°C] jusqu'à ce que les blancs d'œuf soient colorés. Bien surveiller durant cette opération.

Dominos

Une petite gourmandise chocolatée qu'on peut préparer d'avance. Une fois qu'ils sont coupés, on peut congeler les dominos dans des petits contenants.

Base

¹/₄ tasse	sucre	60 ml
¹/₃ tasse	cacao	75 ml
2 tasses	chapelure de biscuit graham	500 ml
1 tasse	noix de coco hachée finement	250 ml
1	œuf	1
1 c. à thé	vanille	5 ml
¹/₂ tasse	beurre fondu	125 ml

Remplissage

¹/₄ tasse	beurre fondu	60 ml
2 c. à table	pouding instantané à la vanille	30 ml
4 c. à table	lait	60 ml
3 tasses	sucre à glacer	750 ml

Glaçage

3	carrés de chocolat semi-sucré	3
2 c. à table	beurre	30 ml

1. Pour la base, mêler le sucre, le cacao, la chapelure et la noix de coco. Incorporer l'œuf et la vanille et finir avec le beurre fondu. Cette opération peut se faire au robot culinaire en suivant le même ordre. Ne pas trop mélanger.
2. Graisser un moule carré et verser le mélange dans le moule. Presser le mélange dans le fond de la casserole avec la paume de la main.
3. Mêler le sucre à glacer et la poudre à pouding instantané. Ajouter le lait et ensuite le beurre fondu. Brasser jusqu'à homogène. Étaler sur la préparation dans la casserole pour recouvrir complètement celle-ci. Utiliser les paumes de la main et le bout des doigts si nécessaire. Refroidir au moins une heure au réfrigérateur.

4. Lorsque la première préparation est refroidie, fondre le chocolat et le beurre à feu doux dans une petit chaudron ou au micro-ondes à 50% pendant quelques minutes. Bien mêler et glacer rapidement les dominos en étendant le chocolat fondu avec une spatule. Refroidir et couper en petits carrés.

Mousse au chocolat

C'est madame Noëlla Lavoie-Bilodeau qui m'a donné cette recette. Madame Bilodeau, pâtissière de métier, suggère de servir cette mousse comme dessert. On peut l'utiliser pour des montages de pâtisserie et peut même se congeler. Pour de meilleurs résultats utiliser une batteur électrique ou un fouet pour incorporer le sirop de sucre aux jaunes d'œuf.

1 tasse	crème 35%	250 ml
5 onces	chocolat noir	140 g
6	gros jaunes d'œuf	6
³/₄ tasse + 2 c. à table	sucre	205 ml
¹/₄ tasse	eau	60 ml

1. Fouetter la crème jusqu'à ce qu'elle soit montée à demi. Réserver au froid.
2. Fondre le chocolat à 100°F [38°C] ou jusqu'à tiède lorsqu'on y trempe le petit doigt. Pour cette opération, amener un chaudron d'eau à bouillir, retirer du feu et placer le bol de chocolat au dessus de la chaleur. Fondre en brassant sans arrêt. Mettre de côté.
3. Placer les jaunes d'œuf dans un bol moyen et fouetter une minute.
4. Placer l'eau et le sucre dans une petite casserole, fondre doucement le sucre dans l'eau, amener à ébullition et cuire jusqu'à 234°F [112°C]. Verser immédiatement en filet sur les jaunes d'œuf et brasser avec la batteur électrique jusqu'à ce que le mélange soit tiède. Incorporer le chocolat fondu.
5. Prendre la moitié de la crème et incorporer au mélange avec le fouet. En dernier, plier le reste de la crème dans le mélange en pliant avec une spatule jusqu'à ce que le mélange soit homogène. Verser dans des coupes ou utiliser pour des pâtisserie. Placer au réfrigérateur. Garnir de crème fouettée.

Écumes de mer

Pour apprécier ces bonbons meringués il faut avoir "la dent sucrée". En plus des noix, on peut ajouter des cerises et des écorces d'orange et de citron confites. Il est préférable d'attendre une journée avant de déguster.

2 tasses	sucre	500 ml
1/2 tasse	sirop de maïs	125 ml
1/2 tasse	eau	125 ml
2 blancs	œuf	
	Une pincée de sel	
1/2 c. à thé	vanille	2 ml
2/3 tasse	noix hachées	150 ml
	Beurre pour badigeonner la casserole	

1. Beurrer un moule de 7 x 11 po [18 x 28 cm]. Placer le sucre, le sirop de maïs et l'eau dans une casserole moyenne. Chauffer à feu moyen en brassant avec une cuillère de bois jusqu'à ce que le sucre soit dissous. Continuer la cuisson à feu moyennement haut sans brasser jusqu'à ce que le mélange atteigne 260°F [126°C].
2. Lorsque le mélange est près du degré à atteindre, ajouter la pincée de sel aux blancs d'œuf et commencer à battre jusqu'à ce qu'il forme des pics qui gardent leurs formes. Une fois le sirop prêt, retirer du feu et verser en filet au dessus des blancs d'œuf en continuant de battre sans arrêt. Si vous utilisez un mélangeur pour cette opération, enlever le fouet lorsque vous avez terminé de verser le sirop chaud. Incorporer la vanille et continuer de battre avec une cuillère de bois jusqu'à ce que le mélange perde son lustre et garde les traces de la cuillère de bois. Incorporer les noix et verser dans un moule. Couper en morceaux d'environ 1 po [2.5 cm] avant que le mélange ne refroidisse complètement.

Guimauves

Madame Lucia Girard de Saint-Irénée aime gâter sa famille et ses invités en leur préparant ces guimauves maisons. Elle suggère d'enrober les guimauves dans de la noix de coco râpée et grillée avant de la servir. On peut aussi enrober la guimauve d'un mélange moitié sucre à glacer et moitié fécule de maïs.

2	enveloppes de gélatine neutre (Ou 2 c. à table [30 ml])	2
1 tasse	eau froide	250 ml
2 tasses	sucre	500 ml
1 c. à thé	vanille	5 ml

1. Dans le bol d'un mélangeur ou dans un grand bol, verser une demi tasse d'eau et saupoudrer la gélatine sur l'eau. Laisser gonfler environ 2 minutes.
2. Mettre le reste de l'eau dans une casserole moyenne, ajouter le sucre et amener à ébullition à feu moyen en brassant pour dissoudre le sucre. Lorsque que le sucre commence à bouillir, cuire pendant 3 minutes à feu assez haut sans brasser.
3. Pendant que le sucre bout, huiler un moule carré et saupoudrer du mélange de sucre à glacer et fécule de maïs.
4. Lorsque le sucre a fini de bouillir, mettre le mélangeur en marche avec un fouet ou utiliser une batteur électrique et verser le sucre cuit sur la gélatine en brassant sans arrêt. Continuer de battre pendant 10 minutes ou jusqu'à ce que le mélange soit gonflé et commence à prendre forme. A ce point il sera possible de verser la guimauve dans le moule. Saupoudrer le dessus du mélange sucre à glacer et fécule et attendre que ce soit complètement refroidi pour couper à l'aide de ciseaux. Enrober les côtés. On peut utiliser de la noix de coco grillée plutôt que de la poudre pour cette opération.

Sucre à la crème

1 tasse	sucre	250 ml
1 tasse	cassonade	250 ml
¼ tasse	sirop de maïs	60 ml
½ tasse	crème 35%	125 ml
¼ tasse	beurre	60 ml

1. Fondre le beurre doucement dans une casserole moyenne et ajouter le reste des ingrédients. Bien mêler, amener à ébullition à feu moyen et faire bouillir jusqu'à ce que le thermomètre indique 236°F [113°C].
2. Retirer du feu, laisser reposer jusqu'à ce que le mélange soit tiède, brasser jusqu'à ce que le mélange perde son lustre et commence à prendre forme. Verser dans un moule carré beurré et refroidir avant de couper en petits carrés.

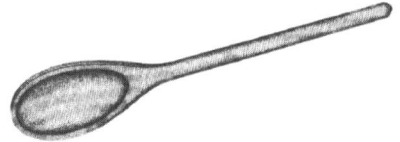

Repas familial
St-Urbain en Charlevoix
Fonds Palardy
Collection Musée de Charlevoix

Crêpes, Pains et Galettes

A l'occasion, j'emprunte avec ma voisine Monique, le pétrin mécanique de notre voisin monsieur Roland Fortin. Le pétrin mécanique est très efficace: en peu de temps, on se retrouve avec une grosse quantité de pâte qu'on pétrie en tournant la manivelle chacune notre tour. C'est emballant! On va faire cuire 12 pains et en congeler pour pouvoir manger du bon pain maison pendant un bon bout de temps. A notre première cuite, lorsqu'on a mis nos boules de pâte dans les moules, nous n'avions pas réalisé qu'on peut faire cuire seulement 4 pains à la fois dans un four ordinaire! Fort heureusement, c'était l'automne et nous avons pu placer des moules en attente dans une pièce assez fraîche pour arrêter la levée des pains. On oubliait qu'autrefois les gens possédait un grand four à pain à l'extérieur de la maison en plus du pétrin! La deuxième fois qu'on a "cuit", on a demandé la permission à nos voisins Diane et Gilbert Denis pour utiliser leur four. On a donc maintenant trois fours à notre disposition incluant nos fours respectifs.

Le bon pain maison est encore très apprécié dans Charlevoix. Depuis quelques années on peut se procurer des pains de boulangeries artisanales chez madame Louise Desrosiers de Baie Saint-Paul et monsieur Hervé Gobeil de La Malbaie. Monsieur Gobeil fait cuire son pain dans un four à pain à l'extérieur de son domicile à la manière ancienne d'autrefois. Il a construit son four de la même façon qu'on les construisait dans le passé. En parcourant la région, il n'est pas rare de voir ces fours dont plusieurs sont encore utilisables.

Ça n'est pas d'hier que la région de Charlevoix a la réputation d'aimer le bon pain. En 1749, Pehr Kalm, un voyageur suédois de passage à Baie Saint-Paul note dans son journal que le pain qu'il a mangé est plus blanc et meilleur que partout ailleurs au Canada. Il constate aussi qu'une des principales cultures aux Éboulements est la culture du blé. Dans son excellent ouvrage "Le pain d'habitant" monsieur Jean-Claude Dupont raconte que le peintre René Richard faisait cuire un pain de canotier lors des ses excursions en forêt. Par beau temps, il allumait un feu sur une grande roche et lorsque le feu tirait à sa fin, il retirait les braises et y plaçait sa pâte pour la faire cuire. On mentionne aussi qu'un monsieur de Saint-Cassien faisait cuire un pain de chantier dans le sable ou la neige. Après avoir fait un feu, il enterrait son chaudron de pâte à pain dans le sable chaud ou la neige pour y faire cuire le pain. A l'Ile-aux-Coudres, c'était coutume de donner aux fillettes une catin en pâte à pain comme cadeau de Noël.

LE FOUR À PAIN

Le four à pain servait à faire cuire du pain, des tartes, des tourtières, des fèves au lard et des gâteaux pendant toute l'année excepté les journées trop froides de l'hiver qui rendaient incommode son utilisation. On appréciait son usage surtout pendant les chaleurs de l'été; pas besoin de chauffer le four du poêle à bois et surchauffer la maisonnée. Le plus célèbre faiseur de pain de la région est Alexis dit le Trotteur. Il a fait ses premiers fours aux environs de 1900. En plus de construire des fours à pain dans Charlevoix, il est même allé jusque dans la région du Saguenay. On a évalué à environ 200 le nombre de fours à pain qu'il aurait construit dans les deux régions. Pour payer la construction du four, il suffisait d'héberger et de nourrir Alexis pour le temps que durait le travail. Comme ça lui prenait pas mal de temps à bâtir le four, son coût était assez élevé mais on obtenait un four à pain d'une qualité irréprochable. Il aimait à construire les fours en septembre au retour des récoltes.

Lorsque le four était prêt à utiliser, on préparait une fête pour célébrer l'événement. On mangeait le nouveau pain avec de la crème vieille de 8 jours et des confitures. Les hommes préparaient de la bagosse pour la fête et le curé venait bénir le nouveau four.

Grosse crêpe

Plusieurs personnes m'ont parlé de la grosse crêpe avec nostalgie. J'adore cette crêpe qui a une texture légère comme si on avait marié une crêpe et une omelette. Je la prépare habituellement les matins de fin de semaine lorsque je veux servir un déjeuner nourrissant à la famille ou aux amis. Il est préférable de servir la crêpe immédiatement après sa sortie du four.

8	tranches de lard salé	8
3	gros œufs	3
	Une pincée de sel	
1 tasse	lait	250 ml
1 tasse	farine	250 ml
	Sirop d'érable, mélasse ou cassonade comme garniture	

1. Chauffer le four à 400°F [200°C]. Placer les tranches de lard dans une petite casserole et couvrir d'eau froide. Amener à ébullition, retirer du feu et rincer aussitôt les grillades à l'eau froide. Bien égoutter.
2. Dans un grand poêlon de fonte, faire revenir les grillades jusqu'à ce qu'elles soient dorées et croustillantes. Mettre de côté.
3. Battre les œufs, la farine, la pincée de sel et le lait dans un bol. Verser ce mélange dans le poêlon de fonte et cuire au four pendant environ 20 à 25 minutes jusqu'à doré. Servir avec les grillades accompagné de sirop d'érable, de mélasse ou de cassonade.

¤ 2 à 3 portions

Crêpes à la farine de blé de l'Île-aux-Coudres

Aux moulins de l'Île-aux-Coudres on moud des grains de blé et de sarrasin. Les farines obtenues de cette mouture sont de première qualité et donne de meilleurs résultats lorsqu'on les utilise dans nos recettes habituelles. Durant la période estivale on peut visiter les moulins et se procurer de la farine au petit magasin rustique des moulins. Puisque cette farine ne contient aucun préservatif, je recommande de la conserver au congélateur si vous prévoyez faire des provisions pour une période de plus de 1 mois.

½ tasse	farine de blé entier	125 ml
½ tasse	farine blanche	125 ml
¼ tasse	lait	60 ml
¼ tasse	eau	60 ml
1	œuf	1
	Une pincée de sel	
	Huile végétale pour la cuisson	

1. Mêler les deux farines et la pincée de sel.
2. Battre l'œuf et y ajouter le lait et l'eau. Incorporer graduellement à la farine et brasser jusqu'à consistance homogène.
3. Chauffer un poêlon de fonte de préférence, ajouter un peu d'huile et lorsque celle- ci est chaude, verser une petit louche de pâte et l'étendre immédiatement dans le poêlon. Cuire la crêpe jusqu'à ce que celle-ci soit légèrement dorée au dessous et qu'elle se détache facilement du poêlon, retourner et cuire jusqu'à légèrement dorée.

Pour congeler les crêpes, placer un papier ciré entre chaque crêpe et placer un paquet de crêpes dans un sac de plastique. Pour dégeler, sortir le paquet quelques minutes à l'avance et prendre le nombre de crêpes désirées en tirant délicatement sur le papier ciré.

Pain blanc d'habitant

	Une petite pomme de terre	
1 tasse	eau	250 ml
1 c. à table	sel	15 ml
3 c. à table	sucre	45 ml
2 c. à table	graisse végétale	30 ml
1 tasse	eau tiède (105 à 115°F [40 à 45°C])	250 ml
1	sachet de levure (Ou 1 c. à table [15 ml])	1
4 à 6 tasses	farine tout usage	1 à 1.5 L
	Beurre ou margarine au besoin	

1. Peler la pomme de terre, couper en petits morceaux et ajouter l'eau froide. Amener à ébullition, baisser le feu et mijoter jusqu'à complètement tendre. Écraser les pommes de terre avec l'eau de cuisson et ajouter le sucre, le sel et la graisse.
2. Saupoudrer la levure au dessus de l'eau tiède et laisser gonfler pendant environ 10 minutes. Ajouter au mélange de pommes de terre.
3. Incorporer environ la moitié de la farine au mélange de levure et bien battre pour obtenir une pâte homogène. Graduellement ajouter le reste de la farine en finissant d'incorporer avec les mains jusqu'à ce que la pâte ne colle presque plus aux mains. Pétrir en pliant la pâte sur elle même et en donnant un quart de tour à chaque mouvement pendant environ 10 minutes jusqu'à ce que la pâte soit lisse et souple.
4. Graisser un bol avec du beurre ou de la margarine et y placer la boule de pâte. Graisser le dessus de la pâte et recouvrir d'un linge humide. Laisser lever la pâte pendant environ une heure jusqu'au double du volume. Écraser la pâte et pétrir quelques minutes pour enlever les poches d'air. Couper la pâte en deux et placer dans deux moules à pain en donnant une forme cylindrique aux pâtes. Graisser le dessus des pâtes et couvrir d'un linge humide.

Laisser lever au double du volume et cuire pendant 45 à 50 minutes à 375°F [190°C]. Démouler et refroidir 15 à 20 minutes avant de déguster.

¤ 2 pains.

Pain doré

2	*œufs battus*	*2*
2 c. à table	*lait*	*30 ml*
1 c. à table	*beurre*	*15 ml*
1 c. à table	*huile végétale*	*15 ml*

1. Battre ensemble les œufs et le lait.
2. Chauffer le beurre et l'huile dans un poêlon. Tremper des demis tranches de pain dans le mélange d'œuf, égoutter et faire cuire des deux côtés dans le gras chaud du poêlon. Éponger avec des papiers absorbants pour enlever le surplus de gras.
3. Servir avec du sirop d'érable ou de la mélasse au goût.

Pain à la farine de sarrasin

Ce pain est tout indiqué pour les personnes qui aiment les galettes de farine sarrasin. C'est un pain lourd et consistant, délicieux qu'il est préférable de trancher mince. Il accompagne bien les charcuteries. Le pain de sarrasin vient probablement des ancêtres de France. On peut retracer une recette de pain de sarrasin dans le livre "Le Parfait Boulanger" de Monsieur Parmentier publié en 1778. Il y mentionne que les Bretons aiment beaucoup ce type de pain.

½ tasse	eau tiède	125 ml
½ c. à thé	sucre	2 ml
1	enveloppe de levure sèche	1
2 tasses	eau tiède	500 ml
1 c. à thé	sel	5 ml
1 c. à table	sucre	15 ml
3 tasses	farine sarrasin	750 ml
3½ tasses	farine blanche (environ)	875 ml

1. Ajouter le sucre à la demi tasse d'eau tiède et saupoudrer la levure. Laisser reposer 10 minutes le temps que la levure gonfle.
2. Verser les deux tasses d'eau tiède dans un grand bol. Ajouter le mélange de levure, le sel et le sucre. Ajouter la farine de sarrasin et bien brasser pour obtenir un mélange homogène.
3. Ajouter petit à petit la farine blanche en finissant avec les mains lorsque la pâte est trop ferme. Pétrir pendant environ 10 minutes jusqu'à ce que la pâte soit ferme et souple. Elle peut être légèrement collante mais pas plus.
4. Placer la pâte dans un bol moyen graissée et graisser le dessus avec du beurre ou de la margarine. Laisser lever jusqu'au double du volume pendant environ 1 heure. Enfoncer d'un coup de poing et diviser la pâte en deux.
5. Pétrir chacune des boules pendant une minute ou deux et placer dans un moule à pain graissé. Graisser le dessus et laisser lever environ au double du volume pendant une

heure environ. La pâte ne lèvera pas autant qu'un pain ordinaire.
6. Chauffer le four à 350°F [180°C] et cuire les pains dans le bas du four pendant 1 heure 15 minutes. Démouler et laisser refroidir sur des grilles de préférence.

¤ 2 pains

Tarteaux

Tarteaux est le nom courant utilisé pour désigner les galettes sarrasin. La plupart des gens ajoute un peu de farine blanche à la farine de sarrasin pour que la galette n'ait pas un goût de sarrasin trop prononcé.

2 tasses	farine sarrasin	500 ml
1 tasse	farine blanche tout usage	250 ml
1 c. à thé	bicarbonate de soude	5 ml
¾ c. à thé	sel	3 ml
4 tasses	eau froide	1 L
	Beurre, mélasse ou sirop pâle, sucre ou sirop d'érable	

1. Dans un grand bol, mélanger la farine sarrasin, la farine blanche, le bicarbonate de soude et le sel.
2. A l'aide d'un fouet, ajouter l'eau petit à petit jusqu'à ce que le mélange soit lisse et ait la texture d'une crème épaisse lorsque l'on le verse. Si le mélange est trop épais ajouter d'autre eau au besoin.
3. On fait cuire la galette sur un poêle à bois très chaud ou en plaçant une plaque de fonte sur un rond de cuisinière électrique. Verser une louche de pâte et étendre aussitôt avec le dos de la louche pour amincir la galette. Cuire la galette jusqu'à ce qu'elle perde son lustre. Retourner la galette et continuer la cuisson jusqu'à ce qu'elle soit légèrement dorée en dessous.
4. Badigeonner la galette de beurre, mélasse, sucre ou sirop d'érable, enrouler et déguster.

¤ 6 portions

Galettes à la branche d'autrefois

Ces galettes qui font penser à des petits pains plats sont cuits dans un poêlon jusqu'à ce qu'ils soient dorés des deux côtés. On les mange chaudes avec du beurre, de la mélasse ou de la confiture. Les restes peuvent être mis au réfrigérateur et réchauffés au besoin.

2 tasses	farine	500 ml
1 c. à thé	poudre à pâte	5 ml
1/4 c. à thé	sel	1 ml
1/2 c. à thé	bicarbonate de soude	2 ml
1 c. à thé	eau bouillante	5 ml
1	œuf battu	1
1/2 tasse + 1 c. à table	lait	140 ml
2 c. à table	graisse fondue	30 ml
	Graisse végétale pour cuisson	

1. Dans un bol mêler la farine, la poudre à pâte et le sel.
2. Diluer le bicarbonate de soude dans l'eau bouillante.
3. Dans un second bol mêler l'œuf, le lait et le bicarbonate de soude ébouillanté. Incorporer le mélange d'œuf en alternant avec la graisse fondue dans le mélange de farine.
4. Mêler à la fourchette et, si nécessaire, terminer l'opération à la main jusqu'à ce qu'une boule homogène se forme. Ne pas trop travailler la pâte. Diviser la boule en 6 parties.
5. Rouler chaque morceau en galette ayant 5 po [13 cm] de diamètre et 1/4 po [1 cm] d'épaisseur.
6. Faire 2 incisions parallèles de 2 1/2 po [6 cm] de long à une distance l'une de l'autre de 1 1/2 po [4 cm].
7. Dans un poêlon de fonte, de préférence, fondre à feu moyen 2 c. à table [30 ml] de graisse végétale. Cuire les galettes 1 1/2 à 2 minutes de chaque côté ou jusqu'à coloration dorée et croustillante. Ajouter de la graisse au besoin.

¤ 6 galettes

Brioches au sucre à la crème

2	paquets de levure	2
1/2 tasse	eau tiède (105 à 115°F [40 à 45°C])	125 ml
1 1/2 tasses	lait chauffé (115°F [45°C])	375 ml
1 tasse	sucre	250 ml
1 c. à table	sel	15 ml
1/4 tasse	graisse	60 ml
1	œuf	1
7 tasses	farine tout usage (environ)	1 3/4 L
1 tasse	cassonade	250 ml
4 c. à table	beurre	60 ml
Glaçage		
4 c. à table	beurre	60 ml
4 c. à table	lait	60 ml
2/3 tasse	cassonade	150 ml
2 tasses	sucre à glacer	500 ml
	Noix ou raisins au goût comme garniture	

1. Saupoudrer la levure sur l'eau chaude dans un grand bol et laisser reposer 5 minutes. Ajouter le lait, la graisse, le sucre, le sel, l'œuf et 3 tasses [750 ml] de farine. Battre jusqu'à ce que le mélange soit homogène. Ajouter d'autre farine et continuer de brasser jusqu'à ce que la masse soit trop difficile à brasser avec une cuillère de bois. A ce moment commencer à pétrir la pâte en finissant d'incorporer la farine sur une surface enfarinée pour obtenir une pâte lisse et très légèrement collante. Pétrir environ 10 minutes jusqu'à ce que la pâte soit lisse et souple.
2. Graisser un bol avec du beurre ou de la margarine, y placer la pâte et badigeonner le dessus avec du beurre. Recouvrir d'un vieux linge mouillé à l'eau tiède et tordu ou d'une pellicule de plastique et laisser lever pendant 1 heure à 1

heure et demi jusqu'à ce la pâte gonfle au double du volume. Enfoncer la pâte et diviser en deux.
3. Abaisser chaque morceau de pâte en un rectangle de 8 x 18 po [20 x 46 cm], badigeonner chacun des rectangles de 2 c. à table [30 ml] de beurre et saupoudrer 1/2 tasse [125 ml] de cassonade. Presser pour faire adhérer les ingrédients et rouler la pâte en commençant par le côté le plus large. Sceller le rouleau dans toute sa longueur et couper en bouts de 1 1/2 po [4 cm]. Placer les bouts côté spiralés vers le haut sur une tôle à biscuits beurrée ou utiliser deux moules rectangulaires en métal. Laisser un peu d'espace entre les rouleaux. Beurrer le dessus des brioches, couvrir d'une pellicule de plastique et laisser lever pendant une heure.
4. Enlever la pellicule de plastique et faire cuire les brioches au milieu du four pendant environ 20 à 25 minutes à 375°F [190°C] jusqu'à ce que les brioches soient dorées.
5. Une fois que les brioches sont refroidies, Étendre sur les brioches et garnir de noix hachées ou raisins secs au goût. Placer les brioches dans un contenant hermétique pour les conserver.

Glaçage
1. Préparer le glaçage en plaçant la cassonade, le beurre et lait dans une casserole moyenne. Amener à ébullition, retirer du feu et incorporer le sucre à glacer.

¤ 24 brioches environ

Galettes aux patates

Ces galettes accompagnent bien un plat de viande tel que du jambon ou des saucisses. La quantité de farine à incorporer aux pommes de terre purée peut varier selon le degré d'humidité contenu dans les pommes de terre. La texture de la pâte doit être tel que l'on puisse la rouler et la manipuler sans qu'elle soit trop collante.

4	pommes de terre moyenne	4
2 tasses	farine tout usage (environ)	500 ml
1 c. à thé	sel	5 ml
	Graisse si besoin	

1. Cuire les pommes de terre à l'eau jusqu'à tendres. Égoutter et réduire en purée.
2. A l'aide d'une cuillère de bois, incorporer la farine jusqu'à ce que vous obteniez une pâte qui ne colle pas trop aux doigts.
3. En travaillant avec la moitié de la pâte, étendre sur une surface saupoudrée de farine jusqu'à $1/8$ po [0.3 cm] d'épaisseur (à peu près l'épaisseur d'une pâte à tarte]. Couper en carrés d'environ 3 po [8 cm].
4. Pour faire cuire les galettes, chauffer une plaque de poêle à bois ou le poêle à bois et y faire cuire les galettes jusqu'à ce qu'elles soient dorées des deux côtés. On peut aussi faire cuire la galette dans un poêlon de fonte. Fondre un peu de graisse et y faire cuire la galette de la même façon que sur le poêle à bois. Réserver au chaud avant de servir. Déguster avec ou sans beurre.

Marinades et Confitures

Autrefois lorsqu'on préparait les marinades et confitures, c'était une façon de préserver des aliments pour la saison froide. Ça apportait de la variété au menu et permettait de conserver des aliments comme du concombre, des petits fruits, etc qui n'auraient pu être utilisés autrement. Aujourd'hui, ça n'est pas tellement l'économie mais plutôt la saveur qui nous incite à préparer ces trésors empotés qui agrémentent si bien des mets typiques comme la tourtière ou le bon pain.

Ketchup vert

8 tasses	tomates vertes tranchées	2 L
2 c. à table	gros sel	30 ml
6 tasses	oignons tranchés minces	1.5 L
1	piment vert tranché mince	1
4 tasses	vinaigre	1 L
2 tasses	sucre	500 ml
¼ tasse	épices à marinade	60 ml

1. Placer tous les ingrédients excepté les épices à marinade dans un grand chaudron en acier inoxydable ou en fonte enduit de porcelaine. Placer les épices à marinade dans un vieux morceau de coton ou un coton à fromage et attacher pour former un petit sachet. Ajouter aux autres ingrédients.
2. Amener à ébullition et cuire à feu moyen pendant une heure. Brasser le ketchup à quelques reprises pendant la cuisson. Enlever les épices à marinade, verser dans des pots stérilisés et fermer immédiatement.

Ketchup aux fruits

20	tomates rouges	20
1	gros pied de céleri	1
6	oignons	6
3	piments verts	3
3	piments rouges	3
4 tasses	sucre	1 L
4 tasses	vinaigre	1 L
2 c. à table	gros sel	30 ml
1/2 c. à thé	poivre	2 ml
1/2 tasse	épices à marinades	125 ml
6	pommes	6
6	pêches	6
6	poires	6

1. Placer les tomates dans un chaudron d'eau bouillante pendant 1 minute, retirer et plonger dans l'eau froide. Peler et enlever les cœurs. Tailler les tomates en gros cubes.
2. Hacher le céleri et les oignons en petits dés de 1/4 po [0.5 cm] environ. Placer les épices dans un vieux morceau de coton ou dans un coton à fromage.
3. Déposer les tomates, le céleri, les oignons, le sucre, le vinaigre, le sel, le poivre et le petit sac d'épices à marinade dans une grande casserole qui n'est pas en aluminium. Amener à ébullition et mijoter à feu moyen pendant une heure.
4. Peler les pommes et tailler en dés. Ajouter au ketchup et mijoter 15 minutes. Ajouter ensuite les pêches pelées en procédant de la même façon que pour les tomates et ajouter au ketchup, continuer la cuisson pendant 15 minutes. Ajouter les poires pelées en petits dés et cuire pendant encore 15 minutes.
5. Retirer le sac d'épices et verser le ketchup chaud dans des pots chauds stérilisés au four à 250°F [120°C]. Fermer les pots.

Marmelade de rhubarbe

Le citron et l'orange donnent un petit goût exotique à cette délicieuse marmelade. Afin d'éviter d'obtenir une marmelade au goût amer, il est important de prendre seulement la chair et la partie jaune et orange des zestes sans la partie blanche des fruits.

8 tasses	rhubarbe pelées et coupées en morceaux de 1 po [2.5 cm]	2 L
4²/₃ tasses	sucre	1150 ml
	Le zeste et la chair d'une petite orange	
	Le zeste et la chair d'un citron	

1. Placer tous les ingrédients dans un grand plat. Bien mélanger et placer au réfrigérateur pendant 48 heures.
2. Laver des pots de conserves et placer au four à 250°F [120°C] pendant 30 minutes.
3. Pendant que les pots stérilisent au four, verser le mélange de rhubarbe dans un grand chaudron d'acier inoxydable de préférence. Amener à ébullition et bouillir à feu moyen pendant 18 minutes en brassant de temps en temps pour éviter que ça colle au fond.
4. Verser la marmelade chaude dans les pots chauds et fermer avec des couvercles qui ont bouillis pendant une minute au préalable. Refroidir complètement avant de remiser.

¤ 6 pots de 8 onces

Confiture de petites prunes jaunes

C'est mon amie Monique Maguire qui m'a fait connaître la confiture de prunes jaunes. Après avoir acheté de petites prunes au verger Pedneault de l'Ile-aux-Coudres, on a communiqué avec madame Jeannine Pedneault qui nous a expliqué comment faire cette délicieuse confiture. Celle-ci m'a appris comment faire pour vérifier si la confiture est prête en laissant tomber une petite quantité de confiture sur l'ongle du pouce. Si une goutte se forme sur l'ongle du pouce lorsqu'on laisse tomber une très petite quantité de confiture c'est que la confiture est prête. Certains aiment la confiture de prunes faite avec des prunes dénoyautées tandis que d'autres la préfèrent avec les noyaux. Madame Pedneault l'aime comme sa mère la faisait c'est à dire qu'elle enlève les noyaux de la moitié des prunes.

8 tasses	*petites prunes jaunes lavées*	*2 L*
4 tasses	*sucre*	*1 L*
1 tasse	*eau*	*250 ml*

1. Dénoyauter la moitié des prunes. Placer dans une casserole le sucre et l'eau et bien mélanger.
2. Amener doucement à ébullition et mijoter jusqu'à ce qu'une goutte se forme sur l'ongle du pouce. Ajouter les prunes et bouillir pendant 15 minutes.
3. Verser la confiture chaude dans des pots chauds stérilisés au four pendant 30 minutes à 250°F [120°C] et fermer avec des couvercles bouillis pendant une minute au préalable.

Gelée de petites poires

Les petites poires sont les fruits d'un arbre appelé amélanchier. Ces petits fruits sont populaires de nos jours mais il n'en a pas toujours été ainsi. Des dames de Saint-Siméon m'ont raconté qu'elles défendaient à leurs enfants d'en manger parce qu' elles croyaient que les petites poires étaient empoisonnées. Dans les mémoires de Pierre de Sales Laterrière, le seigneur qui a habité le manoir des Éboulements, celui-ci compare ces fruits aux poires d'Europe. Il rapporte que le goût des petites poires est supérieur à celui des poires que l'on retrouve en Europe. Les petites poires sont appréciés des Indiens d'Amérique depuis des siècles. Ils les faisaient sécher ou les faisaient cuire pour en obtenir une bouilli ou une pâte appelé pemmican.

8 tasses	petites poires	2 L
5½ tasses	jus de cuisson des petites poires	1375 ml
¾ tasse	sucre par tasse de jus	175 ml
	Un sachet de pectine liquide	

1. Placer les fruits dans une grande casserole et ajouter 1 tasse d'eau [250 ml]. Amener doucement à ébullition et mijoter environ 15 minutes jusqu'à ce que les fruits soient assez décomposés et transformés en jus. Refroidir quelque peu et placer le jus et la pulpe des fruits dans un grand linge de vieux coton ou un coton à fromage, attacher et laisser égoutter au dessus d'un grand plat pour en extraire le jus. Ne pas presser sur le sac pendant cette opération.
2. Mesurer le jus pour obtenir la quantité mentionnée ci-haut et placer dans une grande casserole en acier inoxydable de préférence. Amener à ébullition et bouillir 5 minutes. Écumer le résidu qui se forme à la surface.
3. Ajouter le sucre, brasser pour dissoudre et faire cuire à feu moyen jusqu'à ce que le thermomètre indique 220°F [105°C]. Ajouter la pectine et continuer la cuisson en brassant pendant une minute. Retirer du feu et verser dans des pots stérilisés chauds et fermer. Les pots auront été stérilisés au four à 250°F [120°C] pendant 30 minutes et les couvercles auront été mis à bouillir pendant une minute.

Herbes à soupe

Queues d'oignon hachées déposées dans un bol en alternant avec des rangs de gros sel. Ce mélange est utilisé pour aromatiser les soupes et les pommes de terre en purée. Ces herbes sont très populaires surtout dans la région montagneuse de Charlevoix tel que Notre-Dame-des-Monts.

Herbes salées

Ces herbes sont utilisées pour les soupes, les ragoûts et les viandes braisées.

Pour 6 tasses [1.5 litres] d'herbes, utiliser environ 2 tasses [500 ml] de gros sel. On peut utiliser de la ciboulette, des queues d'oignons, la partie verte du poireau, du persil, des feuilles de céleri et de la sarriette.

1. Laver, assécher et hacher les herbes assez finement.

2. Placer dans des pots de verres en alternant une rangée d'herbes mélangées et une rangée de gros sel. Fermer les pots et remiser au réfrigérateur. Les herbes peuvent se garder ainsi pendant 1 à 1 1/2 années. Pour utiliser prendre une cuillerée d'herbes et rincer à l'eau froide pour enlever le surplus de sel.

Sirop de limonade

Ce sirop de limonade est fait avec du miel plutôt que du sucre. Lors d'un entretien avec monsieur Conrad Gemme, celui-ci me confia qu'on oublie souvent de se servir de miel plutôt que de sucre pour notre alimentation. Le miel a l'avantage d'être plus nutritif et contient moins de calorie que le sucre ; $2/3$ tasse [150 ml] de miel remplace facilement une tasse de sucre raffiné. On peut donc éliminer 15% des calories en utilisant du miel. Pour remplacer le sucre par du miel dans les recettes, réduire la chaleur du four de 25°F [10°C] et utiliser $2/3$ tasse [150 ml] de miel pour une tasse [250 ml] de sucre et diminuer les liquides de la recette de $1/4$ tasse [60 ml].

$1/3$ à $1/2$ tasse	*miel liquide*	75 à 125 ml
1 tasse	*jus de citron frais pressé*	250 ml
4	*pelures de zeste de citron sans la partie blanche*	4

1. Ajouter le miel au jus de citron et brasser jusqu'à homogène sans chauffer. Ajouter les zestes de citron et réfrigérer jusqu'au moment de servir.
2. Pour une boisson prendre $1/4$ tasse [60 ml] de sirop et ajouter environ 1 tasse [250 ml] d'eau froide ou d'eau gazeuse. Remplir de glaçons au goût.

On peut aussi préparer une limonade chaude en remplaçant l'eau froide par de l'eau bouillante.

Produits Régionaux au Menu

Ce petit répertoire est un complément au livre pour faire connaître les endroits à visiter ou à se procurer des produits de qualité fabriqués dans la région par des gens de la région. Plusieurs de ces producteurs font partie de la Route des Saveurs, activité touristique organisée par des chefs cuisiniers et des producteurs de la région (consulter le dépliant touristique pour plus de renseignements). En effet, il y a de plus en plus de produits de qualité à offrir aux consommateurs, grâce à l'intérêt et l'aide apportée par des chefs de la région qui sont fiers de présenter des produits régionaux à leur clientèle. Ce répertoire est incomplet et je suis certaine que vous découvrirez d'autres endroits, comme par exemple les petits kiosques à légumes aux abords des fermes, où on peut acheter un produit de qualité. Bon magasinage!

La Ferme Éboulmontaise
350, Saint-Godefroy (route 362)
Les Éboulements
G0A 2M0
Tel: 418-635-2682

La principale activité de cette ferme est l'élevage de l'agneau. On y cultive aussi des légumes biologiques. Pendant toute l'année on peut se procurer différentes coupes de pièces d'agneau ainsi que des saucisses d'agneau. En saison, on vend des légumes biologiques, des fines herbes et des fleurs séchées.

Visite de la ferme possible sur réservation

Centre de l'Émeu de Charlevoix
706 St-Édouard (route 381)
Saint-Urbain, QC
G0A 4K0
Tel: 418-639-2205/2916

Ferme avec émeus de tous âges. On peut visiter la ferme pour un coût minime et déguster des produits de l'émeu. On peut se procurer différentes coupes d'émeu sur place en plus d'une gamme de produits de soin pour la peau. Les charcuteries sont délicieuses.

La Métairie du Plateau
55, Rang Centre
Les Éboulements
G0A 2M0
Tel: 418-635-2333

La Métairie du Plateau s'appelle aussi Le Jardin des Chefs. Des variétés spéciales de légumes comme des pommes de terre bleues, du bébé maïs, de la romaine rouge, des fleurs comestibles et des fines herbes fraîches sont vendus aux chefs des auberges et hôtels du Québec qui recherchent des produits inusités d'une qualité irréprochable.

Monsieur Jean Leblond est une personne très avant-gardiste en horticulture. Il a été la premièr au Québec à cultiver des légumes qui requièrent normalement un climat plus doux que celui que nous avons au Québec. Puisque ces produits sont destinés aux chefs cuisiniers, il n'est pas possible d'acheter de légumes à La Métairie mais monsieur Leblond est toujours heureux de voir des gens admirer ses jardins en prenant une marche dans le rang Centre.

Les Jardins du Centre
91, rang Centre
Les Éboulements
G0A 2M0
Tel: 418-635-2387
Fax: 418-635-2387

Les Jardins du Centre vendent des légumes et produits du terroir. A l'automne il y a un grand choix de citrouille de toutes les grosseurs.

Spécialités:
Gourganes écossées, fines herbes, huiles aromatisées, courges et citrouilles décoratives, cantaloups et melons d'eau. On peut aussi acheter des pots d'herbes salées, du ketchup maison, du sirop d'érable et plusieurs produits fabriqués dans la région. Les asperges et le maïs sont délicieux en saison.

Cidrerie, Verger Pedneault
45 Royale Est
Saint-Bernard-Sur-Mer (Ile-aux-Coudres)
Tel: 418-438-2365

Spécialités:
Cidre, cidre fort, mistelle et cidre apéritif. On peut déguster toutes la gamme de produits pour un coût minime. Mes préférées sont le Rêve de mon père, Cerisiers rose et Pommier blanc et La Petite Poire.

Pommes et prunes en saison.

La Ferme des Monts
128 Ruisseau des Frênes
Saint-Agnès
G0T 1R0
Tel: 418-439-2706

La Ferme des Monts de monsieur Marc Bérubé offre des produits de culture biologique certifiée. Il vend ses produits aux chefs et au public de juillet à la mi-octobre à la ferme. Promenades libres dans les jardins.

Spécialités:
Mini légumes, fines herbes et verdures exotiques dont la mâche, la grande oseille et la roquette.
Petits fruits (Cassis et gadelles)
Gourgane qui ne brunit pas les bouillons de soupe aussi savoureuse que les variétés de gourgane usuelles.

Boulangerie Laurentide
319 rue F.A. Savard
Saint-Joseph-De-La-Rive
G0A 3Y0
Tel: 418-635-2475
Fax: 418-635-2411

La boulangerie Laurentide a été fondée par l'arrière-grand-père de monsieur Claude Tremblay en 1908. Son arrière-grand-père a quitté Saint-Joseph-De-La-Rive en 1900 parce qu'il ne pouvait plus trouver de travail. C'est à Salem près de Boston qu'il obtient un emploi comme briqueteur. Quelques temps après on n'a plus besoin de briqueteur à Salem et il perd son emploi. Il dénicha ensuite un emploi d'apprenti pâtissier dans la même ville. Au bout d'un certain temps il devient un habile pâtissier et décide de revenir à Saint-Joseph-De-La-Rive pour y fonder sa propre boulangerie. Depuis ce temps le métier s'est transmis de père en fils dans la famille.

Spécialités: Tartes aux fruits (fraises, framboises, bleuets, etc), tartes à Rosanna, tartes au sucre, pains de toutes sortes, brioches, pâté de foie, fèves au lard, confitures et marinades.

Boulangerie Léonard Bouchard
79 Chemin des Coudriers
Saint-Louis de l'Ile-aux-Coudres
Tel: 418-438-2454

Spécialités:
Pâtés au saumon, à la viande, au poulet, tarte aux fruits, pain de toutes sortes et brioches.
Heures d'ouverture :
Saison estivale de 8 heures à 19 heures.
Saison hivernale de 8 heures à 17 heures.

Les Moulins de l'Île-aux-Coudres
247, Chemin du Moulin
Ile-aux-Coudres
GOA 1XO
Tel: 418-438-2184

Spécialités:
Farine de sarrasin, farine de blé entier, son. En période estivale on peut acheter du pain frais du jour.
Tous les farines sont moulues sur place.
Visites possible pour un léger prix d'entrée.
Heures d'ouverture tous les jours:
du 20 mai au 16 juin et du 5 septembre au 9 octobre de 10 heures à 17 heures.
du 17 juin au 4 septembre de 9 heures à 19 heures.

Boulangerie Louise Desrosiers Enr.
65 rue Saint-Joseph
Baie Saint-Paul
GOA 1BO
Tel: 418-435-6606

C'est avec sa grand-mère que madame Desrosiers a appris à faire son pain. Elle a commencé à faire du pain pour sa famille et en donnait souvent aux amis qui finirent par lui demander de faire assez de pains pour qu'ils puissent en acheter. Elle décida donc d'ouvrir une boulangerie artisanale dans sa maison et fait cuire du pain depuis ce temps pour une clientèle qui augmente sans cesse. Madame Desrosiers m'a raconté que les personnes âgées aiment particulièrement son pain de blé entier parce que ça leur rappellent le pain qu'ils mangeaient autrefois. Il est préférable d'appeler à l'avance pour réserver son pain.

Spécialités:
Pain blanc, pain blé entier, pain 6 céréales, pain à l'avoine, pain aux pommes et cannelle, fougasse.

Pisciculture Smith
Les Éboulements
127 rue Principale (route 362)
Les Éboulements
G0A 2M0
Tel: 418-635-2394

A la pisciculture on peut capturer des truites, en acheter entières ou en filet et visiter la pisciculture. Pour acheter des truites il est préférable d'appeler une journée d'avance.

Spécialités:
Truite fraîche, filet de truite, truite fumée, mousse de truite fumée et non fumée.

Laiterie Charlevoix
1151 Boul. Monseigneur de Laval (route 138)
Baie Saint-Paul
G0A 1B0
Tel: 418-435-2184

A la laiterie Charlevoix on produit avant tout du fromage cheddar.

La laiterie est aussi un Économusée du fromage que l'on peut visiter 7 jours par semaine. La laiterie offre maintenant une foule de produits du terroir charlevoisien. Visite et interprétation en saison de mai à septembre

Spécialités:
Cheddar doux, médium et extra-fort.
Cheddar slave ou fesse (fromage frais à manger la journée de la production).
Cheddar extra-fort (vieux d'un minimum de 3 ans).
Fleurmier, nouveau fromage à croûte fleurie.
Cailles.
Crème 40% sans additif.

La Maison d'Affinage Maurice Dufour
1339, Boul. Mgr de Laval (route 138)
Baie Saint-Paul
G0A 1B0
Tel: 418-435-5692

A la maison d'affinage, on fabrique le fromage "Le Migneron" et le Ciel Bleu de Charlevoix". Il est possible de faire une dégustation de fromage moyennant certains frais et on peut aussi acheter du fromage.
Visites et interprétation de juin à septembre de 10 AM à 3 PM

Fromagerie Saint-Fidèle
2815 Boul. Malcolm Fraser
La Malbaie (Saint-Fidèle)
G5A 2J2
Tel: 418-434-2220

Spécialités:
Fromage cheddar en grains, fromage cheddar doux, médium et fort, fromage suisse et beurre. En nouveauté, des fromages suisses aromatisés au porto, au Mistelle et au cidre de pomme.
Heures d'ouverture:
Saison hivernale: 8 heures à 17 heures tous les jours
Saison estivale: 8 heures à 21 heures tous les jours

Cabane à Sucre Bouchard
645 rue Principale
Petite-Rivière-Saint-François
G0A 2L0
Tel: 418-632-5796

Spécialités:
Repas de cabane à sucre en saison
Vente de produits d'érable dont gelée de pommes à l'érable, sirop, sucre mou, sucre en pain, tire et petits cornets d'écorce de sucre d'érable.
Visites:

En saison, du début juillet à la fin de septembre. Appeler pour vérifier le coût et les heures d'ouverture.

LES FINESSES DE CHARLEVOIX
378, Saint-Godefroy (route 362)
Les Éboulements, Qc
G0A 2M0
Tel: 418-635-1407
Fax: 418-635-1393

Mme Nathalie Savard transforme les petits fruits de la ferme familiale.

Spécialités:
Le Petit Farfadet aux fruits des champs, gelée de pommes au sirop d'érable, confit de poivrons rouge, confit de carottes ambré.

SAVEURS OUBLIÉES
350, rang Saint-Godefroy (route 362)
Les Éboulements, Qc
G0A 2M0
Tel: 418-635-9888
Fax: 418-635-0616

Table champêtre - Relais du terroir

Spécialités:
Gâteau au fromage Le Migneron, confit d'oignons.

LA FERME GOURMANDE
25, rang Ste-Mathilde
La Malbaie Qc
Tel: 418-665-6662

A la ferme on produit du magret de canard, du foie gras et du saumon fumé.

MENUS

Déjeuner-Brunch

Patates sous le chaudron
Crêpes au lard
Pain blanc d'habitant
Confitures de petites prunes jaunes
Marmelade de rhubarbe
Galettes aux raisins
Carrés aux bleuets

Souper du temps des fêtes

Crème de légumes
Ragoût de noces de Baie-Sainte-Catherine
Ketchup vert
Salade de betteraves
Pâtisseries assorties
Délices aux fraises, Jam jam, Guimauves

Une invitation spéciale

Tomates et fromage fesse à la vinaigrette
Rôti de gigot d'agneau
Légumes en sauce poulette
Pommes de terre au four
Mousse au chocolat

BIBLIOGRAPHIE

Provencher, Jean, *Les Quatres Saisons dans la Vallée du Saint-Laurent*, Boréal, Montréal 1988.

Des Gagniers, Jean, *Charlevoix pays enchanté*, Les Presses de l'Université Laval, Sainte-Foy, 1994.

Dupont, Jean-Claude, *Le Pain D'habitant*, Léméac, 1980

Séguin, Robert-Lionel, *La civilisation traditionnelle de l'habitant au XVIIe et XVIIIe siècle*, Fides, Montréal, 1973.

Furgeson, Carol et Fraser, Margaret, *A Century of Canadian Home Cooking*, Prentice Hall, Scarborough, 1992.

Lessard, Michel, *Objets Anciens du Québec*, La vie domestique, Les Éditions de l'Homme, Montréal, 1994

Gauthier, Serge, *Le Faiseur de fours à pain dans Charlevoix*, Revue Culture et Tradition, 1979.

Kalm, Pehr, *Voyage de Pehr Kalm au Canada en 1749*, Éditions Pierre Tisseyre, Montréal, 1977.

Tremblay, François, *La Gourgane et quelques soupes traditionnelles de Charlevoix*.

Charlevoix, Revue de la Société d'histoire de Charlevoix, no 10, juin 1990.

Appel, Louise, *Lexique des fruits et légumes*, Québec, 1982.

Lavoie, Thomas, *Les parlers français de Charlevoix*, Saguenay-Lac-Saint-Jean et Côte-Nord, 1985.

Parmentier, *Le Parfait Boulanger*, Imprimerie Royale,

MDCCLXXVIII, Europe.

Le Cuisinier Royal Tome 1, MDCCXXXVIII, Europe.

The English Housewife, London, 1668, Europe.

Allen, Darina, *Irish Traditional Cooking*, Kyle Cathie Limited, London, 1995.

Rombauer, Irma, *Joy of Cooking*, Bobbs-Merrill, 1975.

LEXIQUE

Biscuits soda	biscuits salés
Bleuets	myrtilles (équivalent en Europe)
Cassonade	sucre roux
Certo liquide	pectine liquide
Clou	clou de girofle
Crème riche	crème fraîche
Doré	perche (équivalent en Europe)
Fécule de maïs	maïzena
Fèves	haricots frais ou secs
Gourganes	fèves ou gros haricots
Graisse	végétaline
Gruau	flocons d'avoine
Lard	porc
Levure sèche	levure de boulanger
Orignal	Élan d'Amérique
Piment	poivron
Pois	pois secs
Pois verts	petits pois
Poudre à pâte	levure chimique
Soda	bicarbonate de soude

EQUIVALENCE DE MESURES

Système Anglais	Système Métrique
⅛ c. à thé	0,5 ml
¼ c. à thé	1 ml
½ c. à thé	2 ml
¾ c. à thé	4 ml
1 c. à thé	5 ml (1 c. à café)
1 c. à table	15 ml (1 c. à soupe)
1 once (en volume)	28.4 ml
¼ tasse	60 ml
⅓ tasse	75 ml
½ tasse	125 ml
⅔ tasse	150 ml
¾ tasse	175 ml
1 tasse	250 ml
4 tasses (1 gallon)	1 L
1 once (en poids)	28.4 g
1 lb (livre)	454 g

Température de Four

°F	°C
200°F	100°C
225	110
250	120
275	140
300	150
325	160
350	180
375	190
400	200
425	220
450	230
475	240
500	260
525	270
550	290

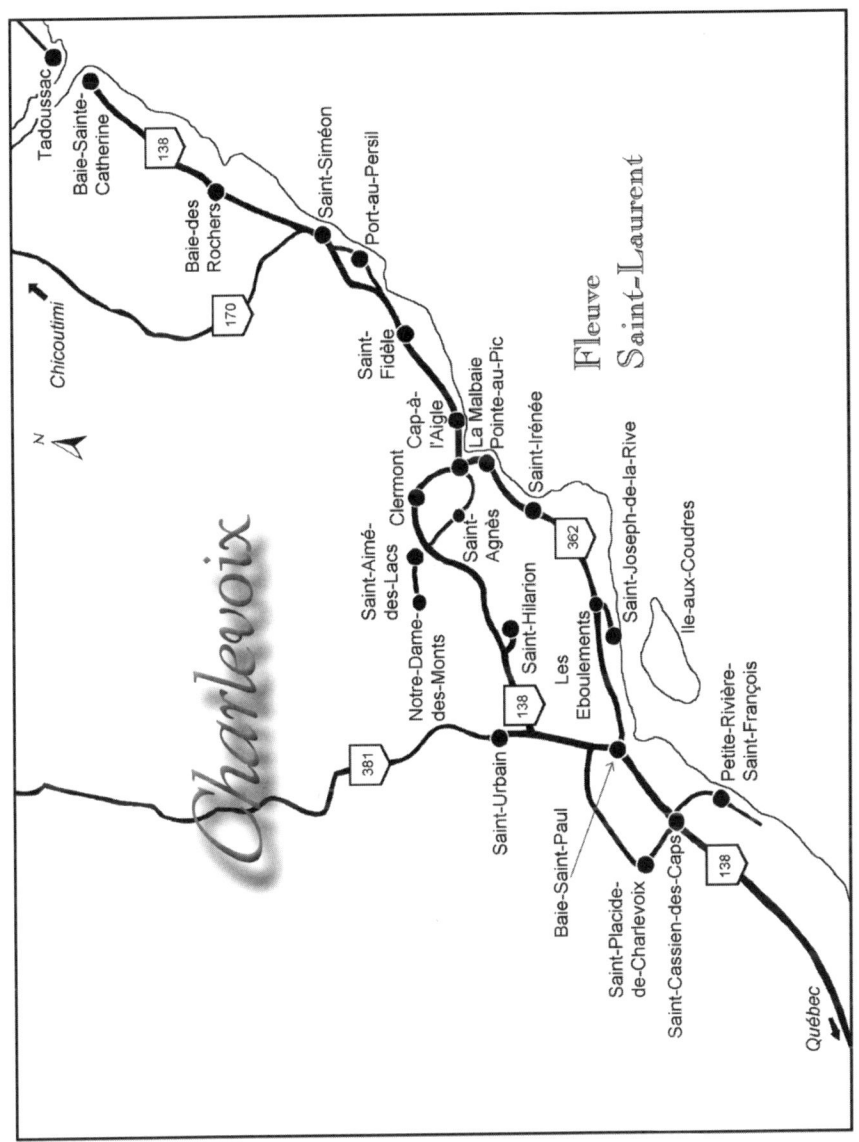

Index

A

Agneau 46
   Côtelettes d'agneau à l'orange 46

B

Beignes 111

Betterave 82
   Salade de betteraves 82

Biscuit 117
   Feuillantines 117

Bleuet 128
   Carrés aux bleuets 128

Bœuf 50
   Bœuf africain 51
   Bouilli de légumes .50
   Boulettes de viande aux légumes 52
   Pain de viande 56
   Pâté chinois 53

Boisson 168
   Sirop de limonade 168

Bonbon 143
   Écumes de mer 144
   Guimauves 144
   Sucre à la crème .145

Brioches au sucre à la crème 158

C

Capelan 16
   Éperlan ou capelan à la poêle 66

Carte de Charlevoix 183

Chocolat 140
   Dominos 140
   Mousse au chocolat 142

Chou 78

Chou à l'étuvée 78
Soupe au chou de Roland 26

Confiture 164
   Confiture de petites prunes jaunes 165
   Gelée de petites poires 166
   Marmelade de rhubarbe 164

Crêpe 150
   Crêpes à la farine de blé de l'Île-aux-Coudres 151
   Grosse crêpe 150
   Tarteaux 156

Cretons 93

D

Dattes 130
   Carré aux dattes 130

E

Éperlan 16, 62
   Éperlan ou capelan à la poêle 66
   Pâté d'éperlans 69

F

Fève 17
   Fève des marais 23
   Fèves au lard 17, 80
   Gourgane 23
   Sauce aux fèves 90
   Sauce aux fèves rouges 85

Foie 58
   Pâté de foie 92
   Sauce au dur 58

Fraise 14
   Délice aux fraises 132
   Fraises des bois 14
   Tarte aux fraises fraîches 105

Fromage 65

Fromage fesse mariné 97
Fromage Le Migneron 96
Fromage slave ou fesse 96
Poisson en sauce fromage 65
Tomates et fromage fesse à la vinaigrette . . .97

G

Galette 98
   Galettes à la branche d'autrefois 157
   Galettes au lait 112
   Galettes au sirop 114
   Galettes aux patates 160
   Galettes aux raisins 115
   Galettes de pommes de terre au Migneron . .98
   Galettes sucrées aux patates 113
   Tarteaux 156

Gâteau 129
   Cachette à la rhubarbe 129
   Gâteau à l'orange .138
   Gâteau à la cassonade 133
   Gâteau à la salade de fruits 135
   Gâteau au gruau d'avoine 134
   Gâteau blanc 131
   Gâteau Louise 136
   Gâteau Monsieur .135
   Plum pouding de Noël 138

H

Herbes à soupe .20, 167

Herbes salées 20, 167

L

Légume 75
   Chou à l'étuvée 78
   Fèves au lard 80
   Légumes en sauce poulette 79
   Navet aromatisé au thym 76
   Patates sous le chaudron 77
   Purée de navet 75

Salade à la crème .81
Salade de betteraves 82
Sauce aux fèves 90
Sauce aux fèves rouges 85

M

Marinade 162
    Ketchup aux fruits 163
    Ketchup vert 162

Morue 62
    Filet de morue à la poêle 64

N

Navet 75
    Navet aromatisé au thym 76
    Purée de navet 75

P

Pain 87
    Pain à la farine de sarrasin 154
    Pain blanc d'habitant 152
    Sauce au pain 87

Pâté 32
    Pâté à la viande .32
    Pâté au saumon d'autrefois 70
    Pâté chinois 53
    Pâté d'éperlans 69
    Pâtés croches 36

Pâte à tarte 103

Poisson 68
    Bigoune à la truite 68
    Éperlan ou capela à la poêle 66
    Filet de morue à la poêle 64
    Filets de truite braisés 67
    Pâté au saumon d'autrefois 70
    Pâté d'éperlans 69
    Poisson en sauce fromage 65

Pomme 121
   Croustillant aux pommes 121
   Pouding aux pommes 120
   Tarte-cipâte aux pommes 108

Pommes de terre 160
   Galettes aux patates 160
   Galettes de pommes de terre au Migneron ..98
   Galettes sucrées aux patates 113
   Patates sous le chaudron 77
   Sauce à patates 49

Porc 38
   Ragoût de poulet et de porc 38
   Sauce à patates 49

Pouding 138
   Plum pouding de Noël 138
   Pouding au citron 122
   Pouding au riz 127
   Pouding aux pommes 120
   Pouding chômeur 119
   Pouding vapeur 124

Poulet 38
   Poulet aux légumes 54
   Ragoût de poulet et de porc 38

Produits laitiers 97
   Cailles 96
   Fromage fesse mariné 97
   Fromage Le Migneron 96
   Fromage slave ou fesse 96

Prune 165
   Confiture de petites prunes jaunes 165

R

Ragoût 34
   Ragoût à la mode de Saint-Siméon 34
   Ragoût de noces 40
   Ragoût de noces de Baie-Sainte-Catherine ..42
   Ragoût de poulet et de porc 38

Ragoût de sanglier .55

Rhubarbe 107
   Cachette à la rhubarbe 129
   Marmelade de rhubarbe 164
   Tarte à la rhubarbe 107

S

Salade 81
   Laitue aux cailles .99
   Salade à la crème .81
   Salade de betteraves 82

Sanglier
   Ragoût de sanglier 55

Sauce 85
   Sauce à la poche .86
   Sauce au pain 87
   Sauce aux fèves 90
   Sauce aux fèves rouges 85
   Sauce aux œufs durs 88

Saumon 70
   Pâté au saumon d'autrefois 70

Soupe 21
   Crème de légumes 25
   Soupe à l'orge 21
   Soupe au chou de Roland 26
   Soupe aux gourganes 24

T

Tarte 104
   Tarte à la rhubarbe 107
   Tarte à Rosanna .106
   Tarte aux fraises fraîches 105
   Tarte aux œufs 104
   Tarte-cipâte aux pommes 108

Tomate 97
   Tomates et fromage fesse à la vinaigrette . . .97

Tourtière 30
    Tourtière de Charlevoix 30

Truite 67
    Bigoune à la truite .68
    Filets de truite braisés 67

V

Veau 47
    Côtelettes de veau mijotées 47
    Rôti de veau braisé .48

Vinaigrette aux cailles .99